党建＋新农人致富

富农富民第一课

李春蕾 张燕 / 编著

中华工商联合出版社

图书在版编目（CIP）数据

党建+新农人致富：富农富民第一课 / 李春蕾，张燕编著． -- 北京：中华工商联合出版社，2022.1
ISBN 978-7-5158-3288-3

Ⅰ．①党… Ⅱ．①李… ②张… Ⅲ．①农民致富—研究—中国 Ⅳ．① F323.8

中国版本图书馆 CIP 数据核字（2021）第 268058 号

党建+新农人致富：富农富民第一课

作　　者：	李春蕾　张　燕
出品人：	李　梁
责任编辑：	于建廷　王　欢
装帧设计：	周　源
责任审读：	傅德华
责任印制：	迈致红
出版发行：	中华工商联合出版社有限责任公司
印　　刷：	北京毅峰迅捷印刷有限公司
版　　次：	2022 年 1 月第 1 版
印　　次：	2025 年 9 月第 9 次印刷
开　　本：	850mm×1168 mm　1/32
字　　数：	220 千字
印　　张：	9
书　　号：	ISBN 978-7-5158-3288-3
定　　价：	26.90 元

服务热线：010-58301130-0（前台）
销售热线：010-58301132（发行部）
　　　　　010-58302977（网络部）
　　　　　010-58302837（馆配部、新媒体部）
　　　　　010-58302813（团购部）
地址邮编：北京市西城区西环广场 A 座
　　　　　19-20 层，100044
http://www.chgslcbs.cn
投稿热线：010-58302907（总编室）
投稿邮箱：1621239583@qq.com

工商联版图书
版权所有　盗版必究

凡本社图书出现印装质量问题，
请与印务部联系。
联系电话：010-58302915

目录 Contents

第一章 党建引领，创新驱动新农人致富

第一节 党建工作深度服务"三农"，凸显引领作用 / 003

第二节 以党建启民智，开拓农产品销售市场 / 008

第三节 合作创业让收入倍增 / 015

第四节 降本增效，以党建带动农业新技术应用 / 019

第五节 因村制宜，选择适合的创业项目 / 026

第六节 创业可能遇到的风险 / 046

第七节 防范风险的措施 / 057

第二章 党建引领,树立良好农产品品牌

第一节 聚焦品牌农业,党建发力特色农业产业 / 071

第二节 土而特——农产品品牌这样命名 / 076

第三节 农产品品牌聚焦三大关键点 / 080

第四节 党建工作引导农产品深度商品化 / 085

第五节 特色农产品以差异化为本 / 093

第六节 党建工作中引导农产品加强认证 / 099

第三章 党建引领,打造现代智慧农业

第一节 农业物联网成为党建引领助农重要工具 / 105

第二节 农业物联网技术的六大应用领域 / 114

第三节 农业中的云计算 / 129

第四节 农业生产中的大数据 / 138

第四章 党建引领,特色产业助农增收

第一节 "党建+"让农村养老服务更有温度 / 143

第二节 建设宜居乡村特色小镇 / 155

第三节 创新党建引领,激发民宿活力 / 166

第五章 党建引领,生态农业塑造美丽乡村

第一节 生态农业的概念和内涵 / 181

第二节　生态农业的分类 / 190

第三节　生态农业的发展模式 / 193

第四节　生态农业的主要产品 / 210

第五节　生态农业的经营之本——环境保护 / 239

第六节　生态农业的生产管理 / 266

第七节　美丽乡村的农业绿色发展 / 271

第一章

党建引领,创新驱动新农人致富

第一节　党建工作深度服务"三农"，凸显引领作用

2015年6月5日至6日，全国农村基层党建工作座谈会在杭州召开，对全国农村基层党建工作作出重要部署。做好"三农"工作关键在农村基层党组织，座谈会上重申坚持农村基层党组织领导核心地位，要引导农村基层党组织强化政治引领功能，重视做好思想政治工作，推动党的路线方针政策在农村落地生根；扎实推进基层服务型党组织建设，多为群众办好事办实事，不断提升服务能力；加强对村级各种组织的统一领导，敢于负责、主动作为，促进村级其他组织沿着正确方向健康发展。座谈会强调抓好农村基层党建，重在解决问题，围绕中心、服务大局，推动农村基层党组织切实担起促进农村改革发展和改善民生的责任，以农村发展成效检验党建工作成果；各级党委

要认真落实农村基层党建责任制,列出责任清单,强化工作问责,狠抓任务落实,要深入基层、走村入户,熟悉农村情况、善抓农村党建。

办好农村的事情,实现乡村振兴,关键在党。党的十八大以来,农业农村发展之所以取得历史性成就、发生历史性变革,最根本的就在于党中央的坚强领导,勇于推动"三农"工作理论创新、实践创新、制度创新,推动农业农村发展呈现良好态势。

农村基层党组织是农村的高质量发展的引领者,在推进乡村振兴工作中,党组织引领作用日益凸显。农村基层党组织是党在农村全部工作的基础,是农村基层各种组织和各项工作的领导核心,是党联系农民群众的桥梁和纽带。党的十九届六中全会通过的《中共中央关于党的百年奋斗重大成就和历史经验的决议》指出:"党确立习近平同志党中央的核心、全党的核心地位,确立习近平新时代中国特色社会主义思想的指导地位,反映了全党全军全国各族人民共同心愿,对新时代党和国家事业发展、对推进中华民族伟大复兴历史进程具有决定性意义。""两个确立"为进行伟大斗争、建设伟大工程、推进伟大事业、实现伟大梦想培根铸魂、凝心聚力,是夺取新征程新胜利的根本保证。习近平新时代中国特色社会主义思想之所以感染人、吸引人，受到广大人民群众的广泛认同和坚决拥护，就因为始终坚持以人民为中心的根本政治立场。农村基层党组织在开展党建工作，以党建带动农民创富的过程中，必须深刻认识"两个确立"的重要意义，做到"两个维护"，用习近平新时代中国特色社会主义思想指导行动，发挥战斗堡垒作用，以高质量党建引领和保障农民增产增收。

通过夯实农村基层党组织、引导农民创新发展模式、打造共建共治共享的乡村治理格局等，加强党对农业农村的全面领导，让党的建设在领导农业农村发展中发力。

围绕村"两委"换届工作，遴选党性和能力强、头脑活、作风和综合素质硬的党员充实到村党组织书记队伍中。通过择优内选、机关下派等方式，选派"第一书记"和党务专干到村任职，帮助建强基层组织，协助做好结对帮扶、产业发展等工作。依托市县党校、乡镇、职业院校等设致富技能培训课程，帮助农民解决农作物种植、水产养殖、棚菜种植等方面技术问题，提升农民致富能力。

支部引导，党员带头，探索农村特色经济发展模式。结合村情实际，推行"产业+党支部（党小组）""党支部+合作社+农户"等发展模式，成立花木种植、畜牧养殖、无土栽培等特色庭院经济项目，积极培育农民专业合作社、家庭农场等新型农业经营主体，发展特色农业种植，有效促进农业增效和农民增收，助力乡村振兴。同时，将党组织建在产业链上，组建技术、销售等功能型党组织，为村民寻找市场销售渠道、发现最优最新技术，提升"造血"功能。

探索党委统领、支部引领、党员带领的路子，形成共建共治共享的乡村治理格局。以"党建引领＋产业组织"，实现农户收入与集体经济双赢；以"党建引领＋依法治村"，实现乡村治理制度与管理模式合理有序；以"党建引领＋环境整治"构建"党总支＋村委会＋监督管理员＋农户"四位一体的村庄环境卫生管理机制，让垃圾不落地，村庄更美丽；以"党建引领＋新媒体运用"推进网上党支部建设，利用手机媒体平台，宣传党委、政府的各项方针政策，让农民知道、弄懂、会用政策；通过推动农村改革发展让群众有更多的获得感，通过落实重点环境整治工作让群众的生活环境美起来，通过解决农民群众急难愁的民生问题让群众更加信赖党组织。

农业要强、农村要美、农民要富，全靠农村基层党组织。各级党组织要充分认识加强农村基层党建工作的重要性紧迫性，紧紧结合我省实际，适应农村经济结构和社会结构的深刻变化，遵循基层党组织建设的特点和规律，全面提升农村基层党建工作水平，为推动我省农村改革发展、促进农村经济社会进步，提供坚强保证和有力支撑。

农业是基本盘，"三农"是"压舱石"。党的十八大以来，党把解决好"三农"问题作为工作的重中之重。世界正面临着百年未有之大变局，国际体系与秩序复杂多变，新冠肺炎疫情加剧未来不确定性，要稳定"三农"，基础党组织要发挥引领作用，以开创性思维解决农村新老问题，助力乡村振兴。

第二节　以党建启民智，开拓农产品销售市场

农产品销售是农民收入的一大来源，很多农民辛苦一年，却因为农产品销售不畅而导致增产不增收，收入不增加，农民的生活水平自然很难得到切实提高。农村特色农产品种类多，随着季节和气温的变化而变化，且部分农产品因为生态环境好已小有名气，销售不畅的原因很多，有的是销售渠道欠缺，有的是宣传不到位，有的是交通条件差。农民的"钱袋子"是农村基层党组织要重点关注的，面对农产品销售难的突出问题，要发挥党组织的引领作用，帮助农民集思广益，打通农产品销售的多个渠道，消除农产品流通障碍。例如，可以通过农产品交易会、特色农产品推荐、电商销售、积极引进企业合作等方式方法，带领老百姓谋经济发展，优化产业结构调整。

俗话说，船小好掉头，船大抗风浪。对于小企业来说，虽然在千变万化的市场上有机动灵活的一面，但也有在风浪面前抵御能力低，缺乏办大事的能力等问题。为提高企业的抗风险能力，扩大规模成为新创业小企业在走出创业第一步后面临的首要问题。要扩大创业企业的规模，首先要扩大企业的销售市场。扩大销售市场不但有利于通过增加需求扩大企业的规模，而且有利于增加企业的盈利。

1. 开辟新的销售区域

农民创业者之所以要开辟新的销售区域，除能够使企业规模扩大外，在新的销售区域还可能将产品卖出更高的价格和获得更好的效益。

在开辟新的销售市场时，要坚持进行市场实践的检验，最忌单纯根据资料就预测、拍板。许多创业者的实践证明，预测并不能说明销售市场真的就一定存在。如，西安由于人口多，消费水平高，多数产品的销售市场空间是昆明的几倍。四川省农民在销售自己的加工产品时，多数愿意跑西安，只有少数人去昆明。但因为西安的销售市场大，竞争相对激烈，有少数产品在昆明的销售反而取得了良好的成绩。另外，有时人们容易从主观想象出发，不看好个别销售区域。如贵州地处山区，水果产量大，人均收入又相对较低，水果市场不被人看好，但却有部分来自东南山区的果品在这一地区取得了销售佳绩。从大量的经验中，创业者们得出这样一个结论：要正确认识一个地区的市场，只有深入下去，试一试，看看是否能够开辟出来，实践出真知。只要一个地方有人群，有购买力，就有产品销售的可能。

2. 采用新的销售方法

在自己的家中或田间等着收购人员前来收购，或自己将生产的产品运送到农贸市场上销售是农业创业者最常用的两种销售方式，除此之外，在现代社会中还有一些其他的销售方式。

一是联系城市中有关单位，满足其采购需求，如在北京市和天津市这样的大城市中，一个企业可能有十几万人，一个机关也常常有几万人，这些单位在日常伙食、职工福利等方面都有可观的需求，找到这样的单位，销售不但有保障而且常常可以增加盈利。

二是直接进入超市销售。目前我国不少城市中提倡农业创业者与超市对接，创业者生产的农产品不经过中间商直接进入超市的柜台，对于鲜活农产品，这种方法保鲜效果好，中间损耗小，保证了生产和消费两个方面的利益。

三是面向连锁餐饮企业的需求。改革开放后，海外大型连锁餐饮企业大量进入我国，我国也开始迅速涌现出一批连锁餐饮企业。有些餐饮企业已经有了几千家连锁店，拥有了几万名员工。这些企业的需求量也很可观，虽然他们对产品有严格的标准，但收购的价格多数会高于农贸市场，如肯德基一个企业需求的马铃薯就带动内蒙古几千农民增加了收入。

四是面向有固定需求的社区居民。如有的牛奶合作社通过组织，能够在一定程度上保证鲜奶的供应后，不再单纯向收购单位交奶，而是与城市中多个社区联系，通过直接配送送鲜奶，一方面提高了牛奶的价格，另一方面，也更好地满足了城市居民的需要。当前，在我国还有大量的城市社区通过与农村生产者联系，建立了一批蔬菜销售点。

五是网络销售。通过建立网上商店等，采用网络销售等方式销售产品。目前在网上销售较好的农产品有杂粮、苗木、小食品、特色农产品等。网络销售投入不大，效果可观，正在我国广大农村普及。农村淘宝是阿里巴巴集团的三大战略之一，2016年，全国300多个县14000个村已经建立了农村淘宝服务站，农民朋友可以通过农村淘宝将自己的产品直接销售到全国各地。

直播树林捡鸡蛋，围观蜂箱取蜂蜜

2016年12月，重庆市秀山县石堤镇高桥村，当地农户唐某某走进自家的柑橘基地，高兴地向网友介绍他家的柑橘品种，这个是脐橙，这是椪柑，这是才栽种的白皮柚……摄像机、单反相机、手机等"长枪短炮"纷纷瞄准这个场景。此时，这场直播正为13万网友实时呈现。

此前，秀山县的另一个村子雅江镇桂坪村，也因为直播发生了一些新变化。

"村红"黄某某和农户猫着腰潜入养鸡场，时而撒玉米引诱鸡群，时而搞"突然袭击"，时而围追堵截……这场"村红直播找土货"的活动，通过淘宝直播平台向全国实时播出，像黄某某这样村里的"网红"就被称为"村红"。

只见黄某某轻车熟路，趁着抓鸡的空隙，对着镜头现场售卖："网上下单，现场称重，马上发货。"5秒钟后，一个来自重庆主城的土鸡蛋订单来了。镜头一转，直播团队即刻开始直播土鸡蛋装箱，村民们给鸡蛋贴上溯源二维码后，这些土鸡蛋就随着秀山农村快递的货车送进了城。

在长达10个小时的直播里，"村红"直播团队用"边参观、边讲解、边玩耍"的模式，向网友们直播了山头抓土鸡、树林里捡土鸡蛋、寻找农家腊肉源头、开蜂箱取蜂蜜、品农家特色菜等场景。直播的相关农产品也在电商平台同步发售，网友在网上下单后，现场即可实现称重、装车，再运至物流园区打包、发货。

在淘宝上直播的同时，秀山本土的电商网站也趁热推出了土鸡蛋、蜂蜜等农产品促销，引发网友抢购热潮。"促销的差价由政府补贴，相比活动期间的销售额，我们更希望借此次直播打响秀山农产品品牌，促进农民增收。"秀山县电商办相关负责人说。（来源:《人民日报》）

六是通过展会扩大销售。农民创业者常常生产一些新、奇、特的农产品，或挖掘当地的传统农产品，采用新的包装方式上市出售。一般销售方式很难让消费者对农民创业者的新产品有明确的认识，此时，参加农业展会，通过展会认识有眼光、有实力的经销商，并在展会上进行宣传，常常能够有较好的效果。

七是通过签订合同扩大销售。当前,我国已有一大批农产品加工或出口企业,这些企业对农产品的需求比较明确,需求的数量大,质量要求高。由于农产品市场的波动较大,不少企业为了保证加工和出口的需求,常常提前与农产品生产企业签订供货合同,在合同中规定交货的时间、质量标准、收购价格等。签订合同可以在一定程度上保证农民创业者生产的农产品实现销售,有利于减少农民创业者的后顾之忧,扩大创业企业的规模。

若采用上述农产品销售方式,除了需要农民创业者改变自己的思路外,还需要有一定的生产规模,实行专业化生产,或组织合作社联合供货。较大的生产数量和专业化的生产方式,以及生产的标准化、高质量是扩大销售的基础条件。

第三节 合作创业让收入倍增

不少创业者总结自己成功的经验时都有一条,企业规模的扩大在一定程度上是新的合作者不断增加的过程。创业者的能力和条件是有限的,但通过扩大各方面的业务联系,特别是联系能够解决自己面临的困难和问题的新合作伙伴,有利于使创业走上新的高度。

在这一时期内,创业者已经走出了创业的第一步,企业有了雏形,有了提供产品和服务的能力,有了较为明确的前景,此时有意合作的伙伴与设想创业时已经不一样,会有更多、条件更好的人愿意在此时与创业者合作。创业者可以从以下方面考虑选择新的合作伙伴。

一是能够完成销售的伙伴。如果创业者擅长生产而弱于销售,找一个在市场上有能力的合作者,将产品的销售委托出去，可以使自己集中精力于所长，让合作伙伴解决自己所短，双方各自发挥长处，企业能够较快地发展。

二是组织生产的合作者。如果创业者擅长销售而弱于生产，也可以通过签订合同等方式，将农产品的生产交付合作伙伴完成。创业者专心开辟市场，而生产者专心于生产任务的完成，会给双方带来利益。

三是选择经营管理的伙伴。如果创业者擅长外部联系，擅长技术开发等，在企业经营管理方面缺乏经验，通过各种渠道，寻找善于经营管理的合作者，常常会使企业的经营管理尽快走上正轨，保证企业的发展。

农民创业者与他人的合作可以采用很多方式，如合同委托方式，合同销售方式，合同订货方式，股份合作方式等。解放思想，搞活经营，充分利用好企业本身及外部的条件，往往可以在创业走出第一步后取得较好的效果。

以党建带合作，人多力量大

近年来，威海市崮山镇依托镇级党群服务中心打造乡村振兴党建联合体，将乡村振兴样板片区内农村、企业纳入进来，优势互补、抱团发展，形成产业互联、融合发展、共抗风险。

2017年，崮山镇邵家庄村在成立了党支部领办合作社——威海苔佳润升甘薯专业合作社。经过近三年的发展，村集体投资70多万元建成4000平方米的高标准甘薯脱毒种苗繁育日光温室、流转改良50亩的优质脱毒种薯繁育基地，建设村级组培实验室，配套建设水肥一体化设施，实现农业资源的整合；改造300吨的甘薯储藏洞窖和1600平方米的产品分拣包装车间，达到生产过程标准化、规模化、规范化，发挥特色产品带头优势，以品牌引领乡村经济发展。

"我们村的甘薯是一点儿也不愁卖，预计今年收入能达到50万元。"目前邵家庄村合作社已与两家电商平台确立长期合作关系，与多家公司合作开展甘薯深加工项目，"合作社＋农户＋公司"的新型农业生产模式已初步成型。

而在几公里外的沙龙王村，农民专业合作社也为广大农民带来了丰收的喜悦。沙龙王村成立了威海好水好土无花果种植农民专业合作社，在水肥一体化田间管理和无花果新品种上进行探索，流转村民土地30余亩打造无花果试验田，建蓄水池、打深水井、下深水管、埋地下管、拉三相电，引进7种无花果新品种，组织党员志愿者栽种无花果树苗、施肥、浇水。

以前,不少年纪大,腿脚不方便的农民,收获的无花果不能很好地卖出去,辛勤的劳动换不来良好的经济收入。针对无花果销售问题,党委政府广泛对接资源,联合党委具体实施,联合样板片区内重点村,探索无花果销售路径。广泛对接商超、电商直播等平台,到省内外跑市场,引入2个实力雄厚的无花果销售商,每日可发货无花果鲜果3万斤,为无花果找到稳定的销售渠道。现在,农民不用出村,种植的无花果直接由合作社负责销售。不仅沙龙王村村民果子不愁卖,同时派出十几个党员在周边村设置无花果收购点,带动泊于、港西等周边乡镇果子销售,增加合作社经济收入20多万元。

(资料来源:威海新闻网)

第四节　降本增效，以党建带动农业新技术应用

农民创业者要获得盈利，一方面要有好的产品，好的品种，另一方面，还要以较低的成本完成生产。在销售价格一定的条件下，降低生产的成本，可以有效地提升创业的盈利率。降低生产成本是农民创业者永远的任务，贯穿于创业的始终，也有多种多样的方法。

降低成本有效的方法是使用新技术，但是新技术的应用往往伴随较大的阻力，有的农民不了解新技术，没有渠道得到最新的技术信息，有的农民不信任新技术，对新技术的作用有怀疑。这时，党员就需要发挥先锋模范作用，农村基层党员关注、收集各个领域的新技术，善于发现适合当地村情的新技术、新方法，向农民朋友宣传新技术，帮助他们使用新技术。

1. 用新技术降低成本

在降低生产成本的诸途径中，新技术是降低成本的最有效手段之一。利用新技术降低成本的方法很多，这里介绍常用的几种。

（1）采用新品种降低成本

农业生产具有自然再生产与社会再生产结合的特点，在农业生产中，品种的选择十分重要，好的品种不但生长快，抗病性强，而且常常因质量好，在市场上销售价格更高。选择适合消费者需要，同时也适合当地技术条件的品种，是降低成本的有效手段之一。

（2）利用新设备降低成本

新设备多数有功率大，技术新，效率高，投入低，能耗少等特点，在生产达到一定规模的条件下，用新设备替代传统设备往往能够在一定程度上降低生产成本。特别是农产品加工和服务企业，采用新设备的效益更为明显。农民创业者也要注意在购买新设备前，认真计算设备的利用率以及投入产出等因素，选择效益高、技术新的设备。目前，我国对购买农机等还有一定的补贴，农民创业者还需要全面掌握和用好有关政策，减少购买农机时的投入。

(3)使用新材料降低成本

目前的农业生产有大量的设施建设等，如设施农业的建设、养殖基地的建设、示范园区的建设、现代农业产业基地的建设等，在这些建设中，除了因地制宜，采用当地传统的材料外，也要注意新材料的使用。从农民创业者的反映来看，不少新材料用法更为简单，结实耐用，且成本低于传统材料。

(4)采用新方法降低成本

在农业生产中，各种要素科学合理地投入可以以较少的投入获得较大的产出，如在养殖业上，需要有科学的配方，让多种营养物质，特别是蛋白质合理搭配，可以减少饲料的投入。在种植业上，也要缺什么补什么。科学施肥，特别是化肥，要合理搭配，不但能够减少浪费，而且还能够减少污染。在种植果树时，也要注意对土壤成分的测量，合理补充土壤中缺少的成分，不但能够增产，而且能够提高果品的质量。

2. 用新渠道降低成本

(1)通过合作组织降低采购成本

一般来说，在农资的销售环节都有一定程度的加价，同时，在市场上，采购的数量越多，预定的时间越早，越有利于供货单位合理安排生产和运输，相应的价格也能够低一些。一家一户的农民采购批量较少，多数购买缺乏计划，在市场上处于不利的地位，如果能够有效组织起来，联合几十户、上百户农民共同购买生产资料，可以通过提高购买的数量，降低采购的价格。有些农民合作社还因为采购有较大的批量，又有比较稳定的需求量，得到生产企业的青睐，能够绕开中间商，直接到生产企业按出厂价格进货，进一步降低了投入的生产资料的成本。

（2）通过产业化生产降低投入成本

产业化生产是由企业与农户联合，企业组织农户共同完成的生产。在产业化生产中，企业往往能够组织较大数量的农户，按统一的标准和要求进行生产。在这种情况下，由企业负责投入品的购买等，由于投入的批量大，又有稳定的需求，有一定的计划安排，也能够在一定程度上降低投入品的价格。

（3）农资网上直配降低成本

在销售环节中，店铺、营业员工资等费用常常占较大的比例，这些都需要摊入成本中。而进入21世纪后，由于网络的普及，网上直配、网络销售等开始在农村普及。网上销售可以省去店铺的成本，可以不用营业员看守，从我国各地的情况看，可以使农资价格下降5%到20%。如果能够组织一定数量的农民团体购买，集中运输，则还可能进一步降低费用。我国目前已经有不少地区开始推广农资的网上购买，在一定程度上降低了农业生产投入的成本。

3.用新管理方法降低成本

（1）制订好生产营销计划

俗话说，吃不穷，穿不穷，算计不到要受穷。算计是减少成本费用的有效措施之一。在创业中，事先有周密的生产营销计划，打时间差和季节差，错峰管理，可以一次性购买的生产资料不多次购买，既可以节省运费，又可以节约人力、物力。购买有详细的计划，有合理的预期，有利于在生产资料价格比较低或实行优惠的时段购买，这就比临时购买价格更为合算。对于可购买可不购买的生产资料，可以通过算计，减少购买的数量和积压。科学合理的算计，可以减少成本，降低费用支出，同时也有利于保障生产经营活动的正常进行。

（2）实行严格的成本控制

在创业中，要有严格的成本控制政策，一是确定科学的成本控制目标。通过严格的测算，得到生产成本可以控制的合理范围,根据目标在生产经营活动中控制成本。二是明确成本的责任制。通过成本责任,避免生产经营活动中的浪费问题。三是完善创业企业中成本管理的规章制度。通过合理的制度,保证将生产成本控制在目标责任范围内。四是建立成本奖罚责任。对于降低成本的措施及人员,要及时奖励,对增加成本的问题,要明确责任,落实到人,使企业员工有明确的成本概念。五是不断总结成本管理中的经验和教训,完善企业内的管理制度,使生产经营成本得到严格的控制。

(3)及时进行农产品的成本核算

多数农民创业者生产多种产品,生产的产品也有不同的规格和品种。如果没有及时有效的成本核算,不易判断和确定哪一产品的成本低、效益高。如我国贵州山区农民有养殖大羊的习俗,他们认为,羊大说明养殖好,饲养者也有面子,但将羊养大需要一年多的时间,经济效益见效慢,使养殖户的积极性不高,造成该地区的养羊一直不能成为产业。这一山区养羊的条件好,如果能够提高养羊的经济效益,降低时间成本,有利于农民致富。为提高养羊的经济效益,农业科技人员进行了详细的成本核算,他们发现,养殖6个月左右的羊无论是劳动成本,还是饲料成本都是最低的。继续饲养，经济效益将有所下降。经过反复做农民的工作，并找了几家有文化的农户进行示范，才改变了当地的饲养习惯，使原来盈利很低的养羊业开始成为农民的致富手段之一。

第五节　因村制宜，选择适合的创业项目

推进现代农业建设是解决好"三农"问题的必然要求，它能有效地提高农业综合生产能力，增强种养业的竞争力，促进农村经济的发展，快速增加农民收入。现代农业创业有许多项目可以选择，归纳起来，大概有以下六大方面的项目：

1. 设施农业项目

设施农业创业项目是指在不适宜生物生长发育的环境条件下，通过建立结构设施，在充分利用自然环境条件的基础上，人为地创造生物生长发育的生境条件，实现高产、优质、高效的现代化农业生产方式。

农业生产是依靠动植物的自然繁殖机能及生长发育功能来完成的特殊生产过程，因而农业历来是一个受自然因

素影响最大的产业。随着社会经济和科学技术的发展，农业这一传统产业正经历着翻天覆地的变化，由简易塑料大棚和温室发展到具有人工环境控制设施的自动化、机械化程度极高的现代化大型温室和植物工厂。当前，设施农业已经成为现代农业的主要产业形态，是现代农业的重要标志。

设施农业主要包括设施栽培和设施养殖。设施栽培目前主要是蔬菜、花卉、瓜果类的设施栽培，设施栽培技术不断提高发展，新品种、新技术及农业技术人才的投入提高了设施栽培的科技含量。现已研制开发出高保温、高透光、流滴、防雾、转先等功能性棚膜及多功能复合膜和温室专用薄膜，便于机械化卷帘的轻质保温被逐渐取代了沉重的草帘，也已培育出一批适于设施栽培的耐高温、弱光、抗逆性强的设施专用品种，提高了劳动生产率，使栽培作物的产量和质量得以提高。下面是主要设施栽培装备类型及其应用简介。

（1）小拱棚。小拱棚主要有拱圆形、半拱圆形和双斜面形三种类型。主要应用于春提早、秋延后或越冬栽培耐寒蔬菜，如芹菜、青蒜、小白菜、油菜、香菜、菠菜、甘蓝等；春提早的果菜类蔬菜，主要有黄瓜、番茄、青椒、茄子、西葫芦等；春提早栽培瓜果的主要栽培作物为西瓜、草莓、甜瓜等。

（2）中拱棚。中拱棚的面积和空间比小拱棚稍大，人可在棚内直立操作，是小棚和大棚的中间类型。常用的中拱棚主要为拱圆形结构，一般用竹木或钢筋作骨架，棚中设立柱。主要应用于春早熟或秋延后生产的绿叶菜类、果菜类蔬菜及草莓和瓜果等，也可用于菜种和花卉栽培。

（3）塑料大棚。塑料大棚是用塑料薄膜覆盖的一种大型拱棚。它和温室相比，具有结构简单，建造和拆装方便，一次性投资少等优点；与中小棚比，又具有坚固耐用，使用寿命长，棚体高大，空间大，必要时可安装加温、灌水等装置，便于环境调控等优点。主要应用于果菜类蔬菜、各种花草及草莓、葡萄、樱桃等作物的育苗；春茬早熟栽培，一般果菜类蔬菜可比露地提早上市20~30天，主要作物有黄瓜、番茄、青椒、茄子、菜豆等；秋季延后栽培，一般果菜类蔬菜采收期可比露地延后上市20~30天，主要作物有黄瓜、番茄、菜豆等；也可进行各种花草、盆花和切花栽培，草莓、葡萄、樱桃、柑橘、桃等果树栽培。

（4）现代化大型温室。现代化大型温室具备结构合理、设备完善、性能良好、控制手段先进等特点，可实现作物生产的机械化、科学化、标准化、自动化，是一种比较完善和科学的温室。这类温室可创造作物生育的最适环境条件，能使作物高产优质。主要应用于园艺作物生产上，特别是价值高的作物生产上，如蔬菜、鲜切花、盆栽观赏植物、园林设计用的观赏树木和草坪植物以及育苗等。

设施养殖目前主要是畜禽、水产品和特种动物的设施养殖。近年来，设施养殖正在逐渐兴起。下面是设施养殖装备类型及其应用简介。

（1）设施养牛装备。主要有各类牛舍、遮阳棚舍、环境控制、饲养过程的机械化设备等，这些技术装备可以配套使用，也可单项使用。

（2）设施养禽装备。现代养禽设备是用现代劳动手段和现代科学技术来装备的，在养禽特别是养鸡的各个生产环节中使用，各种设施实现自动化或机械化，可不断地提高禽蛋、禽肉的产品率和商品率，达到养禽稳定、高产优质、低成本，以满足社会对禽蛋、禽肉日益增长的需要。主要有以下几种装备：孵化设备、育雏设备、喂料设备、饮水设备、笼养设施、清粪便设备、通风设备、湿热降温系统、热风炉供暖系统、断喙器等。

（3）设施水产养殖装备。设施水产养殖主要分为两大类：一是网箱养殖，包括河道网箱养殖、水库网箱养殖、湖泊网箱养殖、池塘网箱养殖；二是工厂化养鱼，包括机械式流水养鱼、开放式自然净化循环水养鱼、组装式封闭循环水养鱼、温泉地热水流水养鱼、工厂废热水流水养鱼等。

目前，设施农业的发展以超时令、反季节生产的设施栽培生产为主，它具有高附加值、高效益、高科技含量的特点，发展十分迅速。随着社会的进步和科学的发展，我国设施农业的发展将向着地域化、节能化、专业化发展，由传统的作坊式生产向高科技、自动化、机械化、规模化、产业化的工厂型农业发展，为社会提供更加丰富的无污染、安全、优质的绿色健康食品。

2. 规模种养业项目

随着我国现代农业的加快发展，家庭联产承包经营与农村生产力发展水平不相适应的矛盾日益突出，具体表现为四大矛盾：农户超小规模经营与现代农业集约化生产之间的矛盾，农民的恋土情结与土地规模经营的矛盾，按福利原则平均分包土地与按效益原则由市场机制配置土地的矛盾，分散经营的小农生产与日趋激烈的市场竞争和社会化大生产要求的矛盾。我国农户土地规模小，农民经营分散、组织化程度低，抵御自然和市场风险的能力较弱，很难设想在一家一户的小农经济的基础上，能建立起现代化的农业，可以实现较高的劳动生产率和商品率，可以使农村根本摆脱贫困和达到共同富裕。我国养殖业生产目前也仍然是以分散经营为主，大多数农户技术水平低，竞争能力弱。

世世代代在农村种地的张三里，他的名字跟他的出身一样土气。城里没有亲戚朋友，初中毕业一直在农村种地，十年只去县城两次。在农村盖房结婚生子后，刚刚还清了债务，是货真价实的穷农民。可是他有可贵的志气，在长期艰苦的种庄稼的劳作中，他能吃苦，爱学习，心理逐渐强大起来。

他看到自己身旁的人一个个走向城市，打工的打工，创业的创业，心里着实焦急。不管看电视，还是收听广播，他都在积累自己的知识，还时常去村里的农家书屋读各种书籍，他有意识地锻炼自己的思维，愿意动脑筋。这时他萌发了在农村就地创业的念头。

他在自己的成长日记中写道：我生在农村长在农村，有改变农村面貌的责任，现在看到了自己的村里隐藏着巨大的商机。农村有各方面的潜在需求,劳动力资源也相当丰富。我可以放开手脚大干一场。

28岁那年,他建立了一家自己的红薯淀粉加工厂,由于原料供应充足,当年就获利三万元。第二年又建起了花生油加工厂,因他不拖欠工资,方圆几十里的人都愿意来他的厂子打工。又因为他的工厂生产加工的淀粉和花生油质量好,客户越来越多,不少客户还先付款,后提货。第三年外贸出口打开了通道,被省绿色食品办公室认可为绿色食品。到第四年他又建了一个颗粒饲料加工厂,第五年他把这三个厂子组建成了公司。如今的张三里已经是当地有名的农民企业家。

为了应对日益激烈的市场竞争,国内外农民走向联合生产与经营的案例已很常见,因为它便于集中有限的财力、人力、技术、设备,形成规模优势,提高综合竞争力。因此,农民创业可以走现代农业生产的道路,大力发展规模化的种养业生产,打破田埂的束缚,让一家一户的小块土地连成一片,个体农民有效地团结在一起,进行规模化经营,使低效农业变为高效农业,特别是在大中城市的郊区和一些条件比较好的平原地区,这种规模化生产既是必要的也是可能的,是农业创业的重要选择项目。

"一村一品"发展的发展思路,就是很好的规模种养殖业创业项目的选择,也就是要培育一批特色明显、类型多样、竞争力强的专业村、专业乡镇。

例如,江苏省如东县玉潭村依托棉花种植的传统优势,统一布局、统一品种、统一配套技术、统一收购,三年间棉花单产提高了近20%,每公顷产量超过1500千克,棉花种植效益大幅增加。江苏省沛县杨屯镇赵楼村养鸭协会为养鸭户实行"五统一"服务,即统一赊鸭苗、统一供饲料、统一培训技术、统一鸭病防疫、统一销售成鸭,农户每养一只鸭可赚2元多,一户一茬可养3000只肉鸭,获纯利近7000元,一年养6茬,收入4万多元,全村70%的农户靠养鸭致富。目前,杨屯镇养鸭业形成了"一户带多户、多户带全村、一村带多村、多村成基地"的格局,并由"一村一品"向"几村一品""几乡一品""一县一品"拓展。湖南省常德市积极培育乡村特色产业,涌现出"柑橘村""茶叶村""苎麻村"等639个专业村,从业农户近百万,专业村农民人均纯收入比全市农民人均纯收入高出很多。可见,发展规模种养业,要以市场为导向,以推进农业规模化为主攻方向,把高效农业规模化作为发展现代农业的首要工程,突出做强特色、做大规模,大力发展水果、畜牧、蔬菜等农业优势产业,从"一村一品"向"一乡一品""一县一业"发展,形成一批优势产业带。

3. 休闲观光农业项目

休闲观光农业是一种以农业和农村为载体的新型生态旅游业,是把农业与旅游业结合在一起,利用农业景观和农村空间吸引游客前来观赏、游览、品尝、休闲、体验、购物的一种新型农业经营形态。

近年来,伴随全球农业的产业化发展,人们发现,现代农业不仅具有生产性功能,还具有改善生态环境质量,为人们提供观光、休闲、度假的生活性功能。随着人们收入的增加,闲暇时间的增多,生活节奏的加快以及竞争的日益激烈,人们渴望多样化的旅游,尤其希望能在典型的农村环境中放松自己。休闲观光农业主要是为那些不了解农业、不熟悉农村,或者回农村寻根,渴望在节假日到郊外观光、旅游、度假的城市居民服务的,其目标市场主要是城市居民。休闲观业的发展,不仅可以丰富城乡人民的精神生活,优化投资环境等,而且达到了农业生态、经济和社会效益的有机统一。具体来讲,发展休闲观光农业有以下作用。

（1）有利于拓展旅游空间，满足人们回归大自然的愿望。随着收入的增加，人们不再仅仅满足于衣食住行，而转向追求精神享受，观光、旅游、度假活动增加，外出旅游者和出行次数越来越多。一些传统的风景名胜、人文景观在旅游旺季往往人满为患、人声嘈杂。休闲观光农业的出现，迎合了久居大城市的人们对宁静、清新环境和回归大自然的渴求。

（2）有利于实现农业的高产高效等目标。利用农业和农村空间发展观光农业，有助于扩大农业经营范围，促进农用土地、劳动力、资金等生产要素的合理调整，提高土地生产率和劳动生产率；同时又可以农业旅游为龙头，带动餐饮、交通运输、农产品加工等行业的发展，增加农业生产的附加值。

（3）有利于改善农业生态环境。休闲观光农业为招徕游客，除了在景点范围内营造优美的农业生态环境和农业景观场所外，必须绿化、美化周围地区的田园和道路，维护农业与农村自然景观，改善城乡环境质量。

休闲观光农业是把观光旅游与农业结合在一起的一种旅游活动，它的形式和类型很多。主要形式有以下5种。

A.观光农园，即在城市近郊或风景区附近开辟特色果园、菜园、茶园、花圃等，让游客入内摘果、拔菜、赏花、采茶，享受田园乐趣。这是休闲观光农业最普遍的一种形式。

B.农业公园，即按照公园的经营思路，把农业生产场所、农产品消费场所和休闲旅游场所结合为一体。

C.教育农园。教育农园是兼顾农业生产与科普教育功能的农业经营形态，以青少年学生为主要服务对象，提供农业认知、体验与相关教学服务。教育农园也是城市居民休闲度假、知识性旅游的一个理想去处。

D.森林公园。森林公园是经过修整可供短期自由休假的森林，或是经过逐渐改造使它形成一定的景观系统的森林。

E.民俗观光村。目前，全国各地已经涌现出一大批因地制宜，深入挖掘，展现当地文化、生产、生活习俗的民俗旅游村，有的地方建起了民俗博物馆、婚俗院等，有的推出了"住农家房、吃农家饭、做农家活、随农家俗"等活动。到民俗村体验农村生活，感受农村气息已成为今天都市人的一种时尚。

在20世纪90年代，我国农业休闲观光旅游在大中城市迅速兴起。休闲观光农业作为新兴的行业，既能促进传统农业向现代农业转型,又能解决农业发展过程中的矛盾,也能提供大量的就业机会,还能够带动农村教育、卫生、交通的发展,改变农村面貌,是为解决我国"三农问题"提供的新思路。因此,可以预见,休闲观光农业这一新型产业必将获得很大的发展。

4. 绿色农业项目

绿色农业是一种新的农业发展模式,是以可持续发展为基本原则,充分运用先进科学技术、先进工业装备和先进管理理念,以促进农产品安全、生态安全、资源安全和提高农业综合效益的协调统一为目标,把标准化贯穿到农业的整个产业链条中,推动人类社会和经济全面、协调、可持续发展的农业发展模式。简单地说,绿色农业就是创建和利用良好的生态环境,运用现代管理理念和科学技术,生产出足量的安全营养的农产品,实现全面、协调和可持续发展的农业发展模式。

绿色农业的发展目标,概括起来讲就是"三个确保、一个提高":确保农产品安全、确保生态安全、确保资源安全和提高农业的综合经济效益。

(1)确保农产品安全。农产品安全主要包括产品足够数量和产品质量安全,要能有效解决资源短缺与人口增长的矛盾，必须以科技为支撑，利用有限的资源保障农产品的大量产出，满足人类对农产品数量的需求。同时，随着经济发展，人们生活水平不断提高，绿色农业要加强标准化全程控制，满足人们对农产品质量安全水平的要求。

（2）确保生态安全。绿色农业通过优化农业环境，改善生态环境，强调植物、动物和微生物间的能量自然转移，确保生态安全。

（3）确保资源安全。农业的资源安全主要是水土资源的安全。绿色农业发展要满足人类需要的一定数量和质量的农产品，就必然需要确保相应数量和质量的耕地、水资源等生产要素。

随着环保意识的增强和绿色消费的兴起，消费者对绿色食品日趋青睐。顺应这一潮流，绿色农业在各地迅速发展。发展绿色农业还必须消除以下3个认识误区。

A.认为绿色农业就是不施化肥、不喷农药的农业。绿色农业，是指以生产、加工、销售绿色食品为核心的农业生产经营方式。它是当今世界各国实施可持续发展农业目标时被广泛接受的模式。绿色农业以"绿色环境""绿色技术""绿色产品"为主体，不是不用化肥和农药，也不是一味地否定传统农业模式，而是科学使用化肥和农药，由过去主要依赖化肥和农药转变为主要依靠生物内在机制来取得农业增效。

B. 认为发展绿色农业投入高、收益低。我国绿色农业主要通过优良品种培育和土壤改良，利用生态机制来求发展，把经济、社会和生态效益统一起来，大大降低对农药和化肥的依赖，是一种低投入的农业生产方式。"绿色消费"方兴未艾，人们对消费品最迫切的要求是健康。谁能在"绿"字上大做文章，谁就能抓住更多的消费者，取得更高的市场占有率，获得更大的经济效益。发展绿色农业只要捷足先登，就会捕捉创业先机。

C. 认为发展绿色农业是农民自己的事。发展绿色农业，需要加大绿色产品的宣传力度，加大绿色技术的普及力度，加大项目资金的扶持力度，开发病虫害防治、土壤改良等适用技术，培植绿色农业龙头企业和生产基地，提高农民绿色农业技术水平，这样才能促进绿色农业的发展，从而更有利于农村经济、社会和生态的协调发展。

5. 现代农产品加工业项目

现代农产品加工业是指以现代科技为基础，用物理、化学等方法，对农产品进行处理，以改变其形态和性能，使之更加适合消费需要的工业生产活动。现代农产品加工业是现代农业的重要组成部分，是农业与工业相结合的大产业，它是现代农业发展的关键。

现代农产品加工从深度上、层次上可分为农产品初加工和农产品精深加工。农产品初加工是指对农产品的一次性的不涉及农产品内在成分改变的加工，如洗净、分级、简单包装等；农产品精深加工是指对农产品的两次以上的加工，主要是指对蛋白质资源、植物纤维资源、油脂资源、新营养资源及活性成分的提取和利用，如磨碎、搅拌、烹煮、脱水、提炼、调配等。农产品初加工使农产品发生量的变化，农产品精深加工使农产品发生质的变化。

现代农产品加工业的行业分类主要由农副食品加工业、食品制造业、饮料制造业、烟草制造业、纺织业、纺织服装鞋帽制造业、皮革毛皮羽毛（绒）及其制品、木材加工及木竹藤棕草制品业、家具制造业、造纸及纸制品业、橡胶制品业11个产业部门组成。

现代农产品加工及其制成品的发展趋势将向多样化、方便化、安全化、标准化、优质化方向发展，但我国农产品加工业的总体水平还远远不能满足现实发展的要求，主要表现为加工总量不足、农产品加工企业规模化水平和科技水平偏低、资源综合利用水平偏低、加工标准和质量控制体系不健全等问题。据统计，发达国家的农产品加工转化率在30%以上，我国只有2%~6%。如江苏省，肉类加工转化率是6%~7%，蔬菜是4%，果品是3%。再如，我国稻谷加工还大多停留在"磨、碾"的水平，碎米和杂质含量高，品种混杂，口感与食用品质低，而外国的稻谷制米加工有精碾、抛光、色选等先进技术处理，成米一般可分成十几个等级，使用功能确切、食用质量好、整齐度高，可满足市场的多样选择，适于优质优价。由此可见，农产品加工业在我国仍有很大的发展空间，给农产品加工业创业项目的选择提供了很多的市场机会。

6. 现代农业服务业项目

现代农业服务业是指以现代科技为基础，利用设备、工具、场所、信息或技能为农业生产提供服务的业务活动。农业服务业作为现代农业的重要组成部分，在拓展农业外部功能、提升农业产业地位、拓宽农民增收渠道等方面都发挥着积极作用，如良种服务、农资连锁经营服务、农产品流通服务、新型农技服务、农机跨区作业服务、农村劳动力转移培训和中介服务、现代农业信息服务、农业保险服务等。从现实情况看，我国现代农业服务业发展严重滞后、水平比较低，这些将会给现代农业服务业创业项目的选择提供很多的市场机会。

（1）良种业服务。良种是农业增产增效的基础和关键，也是提高农产品质量的基础。随着人们生活水平由温饱向小康转变，社会对农产品质量的要求必然越来越高，这就需要对现有品种进行改造，在保持高产品种高产性能的基础上努力提高质量。此外，还要根据市场需求状况，不断调整农产品的品种结构，以满足社会各方面的需要。因此，良种业服务可以在优良种子的筛选、标准化服务推广等方面提供服务。

（2）农产品流通业服务。农产品流通是指农产品通过买卖的形式，从生产领域进入消费领域的交换过程。农产品收购、贮存、运输、销售构成了农产品流通渠道，是联结农户与市场的纽带，任何一个环节发生了故障，都将导致流通渠道不畅通，农产品流通受阻，农产品就卖不出去，农业生产经济效益受损失，农业再生产也无法进行。因此，必须建立顺畅、便捷、低成本的农产品商品流通网络，特别是建立和完善鲜活农产品流通的"绿色通道网"，实现省际互通，以保证农产品能货畅其流，这对于活跃农村经济、提高农产品流通效率、促进农民增收和发展现代农业具有重要作用。例如，农产品经纪人就在搞活城乡经济中应运而生，他们穿梭于城乡市场，一手牵着农民的生产，一手牵着市场的需求，在带领农民进入市场、搞活农产品流通、促进农业结构调整、帮助农民增收致富、提供各类中介服务等方面发挥了重要作用。

杨丽芸，宁夏银川人，首届"全国十大农产品流通女经纪人"之一。1997年，杨丽芸和丈夫下海创业，费尽周折向亲戚朋友借来了4万元作为启动资金，迈出了艰苦创业的第一步。她开始收购加工大米，并注册"锦旺"牌水晶米，凭着可靠的质量和低廉的价格以及良好的信誉，终于打开了大米销售的市场销路。

近年来，随着农业结构调整步伐加快，设施蔬菜面积迅速扩大。但是，在市场经济条件下，一家一户分散经营、蔬菜难卖现象时有发生，农民的收益不稳定。广大菜农亟待解决的问题：一是种植技术落后，迫切需要掌握新技术；二是蔬菜品种退化，迫切需要更新品种；三是盲目种植，生产无计划，销售无订单。杨丽芸和丈夫于是注册成立了银川市锦旺农业综合开发有限公司，并联合当地的农户共同成立"银川市锦旺综合种植养殖合作社"，实行"农户＋基地＋合作社＋公司"的产业化经营模式。

2005年，锦旺农业综合开发有限公司在原国家工商局注册了"潘杨锦旺"商标，公司主要从事蔬菜的组织销售。到目前，合作社有社员386人，带动良田、丰登镇蔬菜种植户近4000户，以魏家桥无公害蔬菜科技示范园区为中心，认定无公害蔬菜种植面积达666.67公顷，其中，温棚面积400公顷，露地蔬菜266.67公顷，合作社无公害农产品认证达39个，合作社社员户均增收5000元，基地农民人均纯收入4500元，比当地农民人均纯收入高了25%。

杨丽芸能从农业生产的实际问题中把握创业商机，积极发展农产品流通服务，有效地解决农民销售难的问题，符合现代农业发展的要求，取得了创业成功。

（3）农资连锁经营业服务。农资是重要农业生产要素，目前常见的农资产品主要包括种子（种苗）、肥料、农药、农膜、农机具、饲料及添加剂等。农资连锁经营即连锁公司总部在各乡镇采用加盟和培训的方式物色农资连锁经营者，由总部配送各种品牌的农药、化肥、种子等农业生产资料，然后由农资超市分散经营，由总公司统一管理的一种经营模式。该模式是对传统农资经营模式的一种变革，主要利用遍布于各地乡村的连锁店，以电子网络为载体实施物流配送，以实现经营管理标准化、规范化的要求。

我国农资市场自 1998 年逐步放开以来，农资销售呈现出主体多元化的发展趋势，在促进农业经济发展、方便农民购买的同时，面对激烈的市场竞争，传统农资经营模式存在的问题也充分显露出来，如无序竞争加剧、串货现象造成价格混乱、假劣农资坑农害农行为等。农资连锁经营不仅促进了农资销售的标准化、规模化，还可有效预防假冒伪劣农资产品进入流通领域，净化农资市场，保证农民用上放心农资。目前，已涌现出中农、中化、惠多利、苏农等一批农资连锁龙头企业。

第六节 创业可能遇到的风险

农业企业的生产运营过程集自然再生产和经济再生产于一体，这导致农业企业面临的风险具有自身的行业特征。按照风险形成的不同层次，农业企业的风险可分为以下6个方面。

1. 自然风险

农产品生产的周期性、自然灾害的客观存在、农业生产力水平较低，这些都会给农民带来风险。有些自然灾害是可避免的，有些是不可避免的，农民单家独户所面临的风险更大。这些自然灾害对农业产业公司的威胁可能会是带来灭顶之灾。自然风险主要划分为两个方面：

（1）自然资源风险。自然资源风险可以理解为正常条件下的自然环境风险。农业企业生产的自然特性与其所占用资源的量、质和地理位置都密不可分，并在很大程度上直接决定了农业企业经营业绩的好坏。

在数量方面，相关资源的短缺（如水资源和土地资源）会严重影响农业企业的生产营运。在质量方面，环境污染对资源质量所带来的不利影响会从根本上影响农业企业的经营效益。与此同时，资源的地理位置也直接决定了农业企业的营运成本，距离越远运输成本越高，交通不便也会使成本提高。

（2）自然灾害风险。自然灾害风险可以理解为异常条件下的自然环境风险。由于农业的生产特性，自然因素对农业的影响相比其他行业更为敏感和严重。我国是世界上两条巨灾多发地带（即北半球中纬度重灾带和太平洋重灾带）都涉及的国家，气候变化大，灾害种类多且发生频繁，这些都给农业生产带来了巨大的损失。近年来，我国每年农田受灾面积达0.467亿公顷以上，受灾农作物面积占农作物播种总面积的20%~35%，造成粮食损失200亿千克。其中干旱、洪涝、冷灾、寒害是我国最主要的农业天气灾害。自然灾害一方面会影响农业企业的产量，另一方面还会影响农业企业的产品质量，这些都会增加农业企业的风险，造成农业企业效益不稳定。

2. 技术风险

技术风险，是指由于农民缺乏农业技术或某些技术在应用后产生的不确定副作用，对农业生产经营活动所造成的损失。技术风险轻者可以造成减产、效益下降，严重者造成绝收，从而血本无归。

埋在土壤里的风险

徐州铜山区农民袁某，在2019年、2020年大规模种植设施茄子，经过多年的积累，摸索出了一些管理经验，对茄子的主要疾病防治技术基本上能够"自助"。由于连年轮作，在2021年5月，种植茄子的片块出现了大面积的茄子褐轮纹病（茄子褐轮纹病又称茄轮纹灰心病，主要危害叶片，初生褐色至暗褐色圆形病斑，直径约2~15毫米，具同心轮纹，后期中心变成灰白色，病斑易破裂或穿孔）。由于当地的农民不了解致病的原因，也不太清楚如何防治，只好凭借自己的感觉采取试探性的办法，把多菌灵、托布津等农药都试用了一遍，结果不但不见效，反而影响了茄子的最佳生长时期，造成产量大幅度下降。

该农民的技术风险主要来源于两个方面：一方面是设施茄子连年轮作，病原在土壤中积累；另一方面是连续使用同一种农药容易造成植物的抗药性。

由于农民对疾病的防治不确定，仍然按照过去的经验进行防治，盲目采用农药而造成了减产的损失。

农业的技术风险来自农业技术经济绩效的不确定性、农业技术应用的复杂性和农民素质状况。过去小农式的自给自足的生产方式，靠"干中学"的经验来控制风险，这一问题尚不突出。但从20世纪80年代中期开始，高新技术农业开始出现，农业大量使用新设备、新技术，但技术服务队伍和组织机构缺位，新的农业技术推广体系还未完全形成。随着农业市场化步伐的加快，农民对科技的需求量大幅度增加，农业生产越来越依靠新技术、新产品，农业经营者的技术风险日益加大，对农产品质量标准、生态环境和能源的要求越来越高，经营这类产品的风险也在相对提高。

对新技术理解的偏差和操作的失误都可能对农业生产造成直接经济损失和灾难性的后果。例如，对家禽行业来说，疫病控制就是养殖成败的关键问题之一，只有解决了疫病问题，才能够保证产品进入市场、进入竞争。因此，在生产中所运用的疫病防控策略、措施和方法不得当，是产生经营风险的重要因素。

3. 市场风险

农户还面临产品销售不畅、价格偏低、价格不稳定或者受到竞争对手的挤压而带来的市场风险。形成市场风险的原因主要包括两个方面：

（1）由于谈判力量不对等而导致价格波动的风险。谈判力量不对等是指在市场交易双方的拉锯战中，谈判力量强弱悬殊比较大，谈判力量强的一方在交易中处于主动地位，控制（决定）市场交易行为，谈判力量弱的一方在交易中处于被动地位，往往服从市场交易行为。农民与大的收购方在价格的谈判力量上就是这种极不对等的关系，而且农产品受自然条件影响大、生产周期长等特点，导致农户在经营过程中除了一直难以摆脱市场价格波动的纠缠外，还会受到强势谈判的制约。

协会的力量

江苏省东海县黄川镇是大面积草莓种植乡镇，种植草莓有 20 多年的经验。2002 年以前，草莓从种植到销售都是个体农民分散经营，由于农民不了解市场行情，草莓的销售价格通常由购买者决定，农民被动接受收购方给定的价格。有时农民不能接受比较低的价格，但草莓不能储存，又不能眼睁睁地看着自己的劳动成果付之东流，为了减少损失，也不得不接受对方较低的报价。收购方为了获得比较好的利润，针对不同的单个种植户采取不同的价格，通过一路压价，农民最后只能按最低价格销售。

就这样每到草莓大量上市的季节，就轮番上演草莓价格大战，有时农民急于把草莓销售出去，即使亏本也在所不惜，在几年的销售中出现了增产不增收的局面。后来依托黄川镇政府成立了草莓协会，按照销售合同出售草莓，不仅稳定了销售价格，极大地调动了农民的种植热情，种植规模也得到了扩大。目前依托草莓协会连接的草莓种植面积达600多公顷，黄川也成为远近闻名的"草莓之乡"，有力地推动了地方农业经济的发展。

农业分散经营的农户在市场交易环节中处于很低的谈判地位，在谈判力量的对比上很不对等，是以弱对强。农民较弱的谈判能力产生了市场风险。弱势地位的改变在于合作。农业是一个弱势行业，农业创业者需要在创业的过程中通过合作，才能抵御更大的风险。农业协会可以缓解小农户大市场的矛盾，降低了一家一户的小农经济的市场风险，对市场风险进行重新分配。

（2）市场信息不对称产生的交易风险。市场信息不对称就是在交易过程中双方接受的市场信息不一致。造成市场信息不对称的主要原因是交易双方中的一方（三方中的两方）的主观故意，由此给经营者带来信息不确定性的风险。

现代经济学证明，不确定性是影响人们经济行为和经济决策的重要变量，由于人们的风险偏好不同，人们对不确定性的不同判断，将会导致不同的行为预期和行为选择。市场交易的参与人数越多，信息就越不完备，道德风险、逆向选择、"搭便车"等机会主义行为发生的概率就越高。单个农户购买生产资料、销售自己生产加工（初加工）的农产品时，就面临着因为交易对象众多而带来的高度不确定性，而市场的不完整、市场信息不畅通、市场交易条件经常变化以及农产品市场的近乎完全竞争特征等，都在加剧这种不确定性的程度。

以家庭小规模生产为主体的农户在信息不完全与信息不对称的双重制约下显得无所适从，从而降低了市场效率，弱化了农民的利益谈判地位。伴随着中国入世与农业市场化开放程度的不断提升，农业生产经营活动在获得了更广阔的市场空间的同时，将面临更大市场波动的风险。而农业日趋明显的边际报酬递减趋势，使农业投入产出效率的获取面临着比非农业产业更大的市场风险。

4. 订单风险

农产品订单是指农户根据其本身或其所在的乡村组织同农产品的购买者之间所签订的订单，组织安排农产品生产的一种农业产销模式。但是农民往往处在弱势群体的地位，由此产生了订单风险。

无效的订单

徐州市丰县某镇把洋葱作为主打品种，徐州某食品公司的黄某是洋葱的出口商，与当地镇政府签订收购合同，每年的洋葱由该公司负责收购，镇政府组织农民种植洋葱，每年收获的洋葱经过简单的扒皮和去杂、分拣包装等初级加工后，通过该公司出口到日本、韩国等地方。洋葱的销售主体与种植户之间的连接是一个标准的订单模式，农户每年按照订单的数量和价格得到收益。2020年由于国际市场不景气，日本代理方大量地压缩订单，中间商由于难以承担订单的"违约"压力，不得不宣布破产，造成上千公顷的洋葱无人收购，最后种植户不得不承担订单风险。

农业订单的签订主体存在诚信意识不强的问题，前端种植户是最大的风险承担者。订单的形式、内容和签订程序不规范也是导致农业订单兑现难的重要原因。

在农业现代化过程中，农业订单的经营主体之间的联系或紧密或松散，而合同是受法律严格保护的。但是，如果缺乏浓厚的法律氛围和公民法律意识普遍淡薄，违约就会产生。在有的情况下，当签订合同后，如果市场价格高于合同价格，农民往往不将农产品出售给龙头企业，而是直接到市场上去出售，从而使签约的龙头企业遭受损失。由于这种行为通常涉及面很大，加之农民是弱势群体，在"法不责众"的惯例下，法律监督往往难以奏效。而且这种行为也在龙头企业身上时有发生，当市场价格低于合同价格时，龙头企业也可能违约，不按既定的合同收购经营主体的农产品，而是到市场上去交易。而当企业不执行合约时，由于种种因素，企业被惩罚的概率也相当小。这种合约中的"机会主义"行为严重地损害了农业创业者的运行效率，产生了很大的交易风险。

5. 农资及其价格风险

农资价格风险主要指两个方面：一方面是假冒农药、化肥、农膜、农机具等农用生产资料，充斥农村市场，给农业经营主体带来的损失；另一方面是农资价格上涨造成的损失。据调研，农民每年因假冒伪劣农资造成的损失占农民年收入的 10%~15%；因农资价格上涨造成的损失约占农民年收入的 13%。

今年来，全国农资市场普遍涨价。不仅生产商反映成本上升推动出厂价格上升，产销链条末端的经销商也反映农资价格"涨"声一片，生产资料的价格上涨吞噬掉了产量和农产品价格上涨所带来的利润空间，影响农民增收和农民对农业的投入，带来了农业效益的波动，遏制了农业增效的潜力。农民已经感受到了涨价带来的压力，但要把涨价带来的压力转移到出售农产品的环节并不是一件容易的事情。

6. 其他风险

（1）资产风险。目前农业市场化程度提高，在规模扩大的同时投入增加，而农业投资具有锁定性，农业固定资产的专用性导致农业经营的风险，造成沉没成本加大，从而产生资产风险。如投入建设一个养鱼池，就只能用来养鱼，要马上转作其他用途是不行的，那么养鱼池的成本就是沉没成本，具有不可逆性，永远也无法回收，这给农业企业产生了损失。

（2）观念风险。一般而言，管理者风险意识淡薄、忽视危机的征兆、不重视对风险的监测都是企业未能对不确定性做出恰当和及时的反应的原因。目前，我国大多数农业企业起步较晚，且以小型企业居多，对加强风险管理没有给予足够的重视。可以说，风险观念不强是农业企业不可忽视的一个问题。

第七节　防范风险的措施

1. 用足优惠的农业政策资源

在一定程度上农业政策具有公共产品的性质，利用好农业政策平台是农业创业者必走的"捷径"。2003年以来，我国按照"多予、少取、放活"的方针，出台多项农业政策，如专项资金扶持政策、保险政策、补贴政策等，具体包括农作物保险、粮食直补、农资综合直补、水稻良种推广补贴、油菜良种推广补贴、大型农机具购置补贴等政策。

《关于全面推开农业"三项补贴"改革工作的通知》(节选)

2016年起，在全国全面推开农业"三项补贴"改革，即将农业"三项补贴"合并为农业支持保护补贴，政策目标调整为支持耕地地力保护和粮食适度规模经营。

（一）加强耕地地力保护。用于耕地地力保护的补贴资金，其补贴对象原则上为拥有耕地承包权的种地农民；补贴依据可以是二轮承包耕地面积、计税耕地面积、确权耕地面积或粮食种植面积等，具体以哪一种类型面积或哪几种类型面积，由省级人民政府结合本地实际自定；补贴标准由地方根据补贴资金总量和确定的补贴依据综合测算确定。对已作为畜牧养殖场使用的耕地、林地、成片粮田转为设施农业用地、非农业征（占）用耕地等已改变用途的耕地，以及长年抛荒地、占补平衡中"补"的面积和质量达不到耕种条件的耕地等不再给予补贴。鼓励各地创新方式方法，以绿色生态为导向，提高农作物秸秆综合利用水平，引导农民综合采取秸秆还田、深松整地、减少化肥农药用量、施用有机肥等措施，切实加强农业生态资源保护，自觉提升耕地地力。

（二）促进粮食适度规模经营。用于粮食适度规模经营的补贴资金，原则上以2016年的规模为基数，每年从农业支持保护补贴资金中予以安排，以后年度根据农业支持保护补贴的预算安排情况同比例调整，支持对象重点向种粮大户、家庭农场、农民合作社和农业社会化服务组织等新型经营主体倾斜，体现"谁多种粮食，就优先支持谁"。各地要坚持因地制宜、简便易行、效率与公平兼顾的原则，进一步优化资源配置，提高农业生产率、土地产出率和资源利用率。鼓励各地创新新型经营主体支持方式，采取贷款贴息、重大技术推广与服务补助等方式支持新型经营主体发展多种形式的粮食适度规模经营，不鼓励对新型经营主体采取现金直补。对新型经营主体贷款贴息可按照不超过贷款利息的50%给予补助。对重大技术推广与服务补助，可以采取"先服务后补助"、提供物化补助等方式。要加快推进农业社会化服务体系建设，在粮食生产托管服务、病虫害统防统治、农业废弃物资源化利用、农业面源污染防治等方面，积极采取政府购买服务等方式支持符合条件的经营性服务组织开展公益性服务，积极探索将财政资金形成的资产折股量化到组织成员。

国家和地方的种粮补贴政策，激发了农民发展规模种植的热情，"家庭农场"将会成为未来中国现代农业发展的主要模式。

2. 成立农民专业合作组织

在激烈的市场竞争中，农业是一个弱势产业，农民是一个弱势群体，为了降低生产成本，提高盈利水平，就需要通过合作联合起来，借助外部交易规模的扩大，节约交易成本，提高在市场竞争中的地位，使产品按合理价格销售。同时，还可通过扩大经营规模，提高机械设备等的利用率，寻求规模效益，规模的扩大可带动地方经济的倍增效应，市场的运作者可以在更大范围内稳定农产品的价格，争取市场谈判的主动权。农业合作经济组织按照合作的领域可以分为生产合作、流通合作、信用合作和其他合作，提高千家万户的小生产者在千变万化的大市场中的竞争能力和经济效益。

比如，山东省平邑县的金银花产量很大，以往农民自行到药厂销售，面临压价压质、运输成本高的处境。成立合作社，由合作社统一收购，集中和药厂签订合同后，解决了农民销售与药厂收购的链条难题。

目前运作比较成功的模式——"公司+农户"模式，是一种化解农户市场风险的组织制度创新。实行"公司+农户"的模式之后，农产品的市场化运作使由农产品自然秉性带来的价格波动得到了一定的制约。单个农户的市场风险通过一体化企业的统一加工、集中销售，得到大幅度减小。在行情不看好的情况下，由公司承担全部的市场风险，农户只要抓好生产就可以得到稳定的收入。所以，目前"公司+农户"的模式值得农业创业者去体验。

3. 寻求与知名企业的市场协同

协同是指各方面相互配合，协助完成某项事情。企业通过市场协同可以实现低成本、高效益运作，从而降低风险。协同效应就是指企业之间在生产、营销、管理等环节，从不同方面共同利用同一资源而产生的整体效应。俗话说"一根筷子轻轻被折断，十双筷子牢牢抱成团"，企业要善于通过市场协同作用（生产协同作用或管理协同作用）达到扩大规模、开拓市场、降低经营成本和经营风险的目的，延长企业的寿命。目前常见的企业协同大多为市场协同。市场协同的主要表现形式有：品牌租用、品牌延伸、品牌扩展等。

许多农产品在交易过程中都遭受到冷遇，出现卖出难问题，其中原因除了季节和储藏能力等因素外，更主要的是最缺乏销售的主营渠道，要把优质的农产品打入市场的主营销售渠道，品牌的知名度就成为农产品销售的关键因素。借助优势企业激活弱势企业，通过市场协同与名牌产品合作经营，农业企业利用其他企业在消费者心目中的地位寻找最佳的销售渠道，通过扩大生产规模、大力度开发市场来打造品牌的知名度，完成市场开发和拓展的业务，这是提升产品的市场适应能力的关键。

品牌与市场的嫁接

江苏省徐州市铜山区黄集镇是一个养鸭大镇，有近300个养殖户，年生产能力达5000万只，在养殖方面具有很好的发展前景，可是在市场经营方面相对较缺乏战略意识。家禽行业市场波动较大，由于受到生产周期较长的影响，加之产品又是需保鲜的食品，因此导致市场风险较大。本地的育成鸭都是运往南京进行深加工，运输成本和运输风险比较大，极大地制约了鸭农的养殖积极性。

2003年，铜山区黄集镇搞建筑业出身的农民吕永久，投资6000万元成立精益诚鸭业有限公司，从种鸭饲养、鸭苗孵化到成鸭的育成实行全方位"一体化"的生产和服务，在整个鸭业的产业链条中进行延伸，向前延伸到饲料的加工，向后延伸到深加工，在附加产品方面进行羽绒的深加工。特别是在市场销售方面，经过分割的产品借助中间商品牌销售到了徐州、南京、镇江的各个超市。公司为当地的深加工企业钟记、南京桂花鸭提供货源，依靠钟记、南京桂花鸭的加工技术，借助企业的品牌优势和钟记、南京桂花鸭的市场知名度，把产品销售给千家万户，从而激活当地弱势的加工企业，扩大了农户养殖规模，也实现了企业与品牌的"双赢"。

农产品在市场化的过程中凭标准、品牌交易已经成为一种趋势，通过品牌树立农业企业形象，促进企业产品信息的迅速传播，以便赢得市场。

此外，还可以通过品牌扩展策略，也就是企业利用其成功品牌名称的声誉来推出改良产品或新产品，包括推出新的包装规格、香味和式样等，以凭借现有名牌产品形成系列名牌产品的一种名牌创立策略。随着农产品市场体系的不断完善以及企业应对市场风险的能力不断提升，价格波动这种一般意义的市场风险对农业企业的影响力度正在不断减弱。

4. 走可持续的发展道路

企业的可持续发展就是既要考虑当前发展，又要考虑未来发展，不能以牺牲后期的利益为代价，换取现在的发展，满足眼前的利益。农业企业的可持续发展表现为经营活动中若干生产要素的发展,从整体的角度表现为应当持续盈利(在一段时间内总体盈利),通过外在技术(人员)的"内化"过程,"渐进式"地实现企业由量变到质变的过程,以更好地抵御技术风险。

在农业技术不断创新的今天,许多经营企业为了缩短技术的经济效益时段,以雇佣(租赁)的方式从其他地方借来技术,由于忽视了技术的"内化"过程,产生"水土不服"的应用风险。

在此友情提醒农业创业者,在利用外来技术时,需要树立可持续发展的战略意识,对引进的技术采取以下措施规避技术风险:一是"本土化",结合当地的农业生产的水、肥、气等自然条件,有选择性地加以利用;二是技术租用渠道正规化。在农业产业化发展的今天,全国各个地方涌现出了大批的"专家""技术能人",这些群体在当地农业技术的应用与创新中起到了带头作用,但是由于当事人对农业技术认识的局限性,会把其技术"照办照抄",给经营者带来风险,所以在聘用专家时通过正规渠道是一种规避风险的办法;三是不断"充电",做好"技术的储备",在利用技术的过程中依赖外来技术容易受到制约,为了更好地规避过分依赖外来技术的风险，作为创业者需要对新技术、新工艺加强学习，给自己的头脑"充电"，让企业"固本强基"，把劣势转化为优势，使企业走可持续发展的道路。

5. 走多元化的发展道路

多元化的发展战略措施是指充分利用生产和加工相关程度较低的农产品和农副产品以分散风险。通过进行投资组合，达到在相同期望收益情形下组合风险最小或相同组合风险情形下期望收益最大的目的。

王富贵的致富经

在蔬菜种植工作中，王富贵能积极示范推广新品种、新技术，为现代、高效农业的发展做出了较大的贡献，在当地蔬菜产业中发挥了较强的示范带动作用。他在设施蔬菜的生产经营过程中，有两条成功的经验值得推广：一是在品种上采取多样化的种植模式，由过去单一的番茄品种发展成一个以草莓和番茄为主、兼顾其他品种蔬菜的中等规模的无公害蔬菜生产基地。二是在种植规模上扩大，2017年以来，先后投入资金80多万元，新建蔬菜钢架大棚16个，发展番茄、莴苣、甜玉米和草莓等应时蔬菜生产；建成了1个可存栏100头的养牛场并配套1个100立方米的沼气池，建立起"牛—沼—菜"生态循环农业生产模式。

品种上采取多元化的种植模式，可以综合地利用市场和农业设施等资源，降低单位成本。

此外，像我国不同地区的"四位一体""三位一体"的经营模式，"牛—沼—花""牛—沼—菜"生态农业模式，"大棚草莓山羊复合种养模式和技术"，都是多元化的发展模式。像王富贵这样的种养模式，就是以土地为基础，以沼气为纽带，形成以农带牧、以牧促沼、以沼促果、果牧结合的配套发展和良性循环的生态体系，最佳地利用农业资源和环境，达到较好的资源组合。

6.走一体化的发展道路

一体化就是延长农业产业链的经营模式，在农业的经营过程中，将整个农业生产过程分为产前、产中和产后3个环节，将不同类型风险在整个链条中进行分解，通过明确不同环节的主要风险类型及其作用机制，寻求不同的管理方式，实现降低农业企业风险的目的。

在养殖产业中许多农业生产合作社的经营就是一体化的发展模式，经营主体由于能够集中经营，统一标准，统一组织实施，其技术成本就比单个农户要小得多。而农业一体化经营企业往往又是农业领域的一流企业，所以技术的风险主要表现为如何通过市场调研，选准具有开发潜力的技术，在成本最小化的前提下进行科学的开发。农业企业必须提供产前、产中、产后的服务，尽可能地将新技术的风险降低到最小的程度。农业企业要有精通农业技术应用过程的专业人员，以帮助农民解决农业技术应用过程中的各种问题，从而使农业技术的风险降低到足够小的程度。

例如，建立基地养殖户联合体，可以为当地群众提供品种改良、生产技术、科技普及、加工销售等"一条龙"式的服务。其优势是可以把原来的"多（生产者）多（购买者）"交易变成了"一（公司）多（养殖户）"交易，可以实现"自助"服务，不受外部供应商的控制。基地养殖户通过联合经营、共同服务而形成的利益共同体，可以推动当地养殖业向良种化、规模化、产业化方向发展。

第二章

党建引领,树立良好农产品品牌

第一节　聚焦品牌农业，党建发力特色农业产业

14亿中国人，中国的厨房餐桌正在升级换代，这里面蕴含的商机绝对是世界罕见！

在2018年全国居民人均消费支出的构成中，食品烟酒支出6397元/人，占比30.2%，位居第一。中国经济的不断增长、中国人的财富拥有量不断增加、食品价格的上涨，都在推动中国食品市场的扩张。这显示，中国的"吃"也在改变世界。

粮油蔬菜水果禽蛋奶，人人需要，天天食用，反复购买，是十足的快速消费品，是孕育大品牌的天然大市场。许多人可能没有想到，2020年，金龙鱼实现营业收入1949.22亿元，同比增长14.2%，金龙鱼厨房食品收入1212.02亿元，同比增长11.4%；饲料原料及油脂销售额

724.9亿元，同比增长18.9%。双汇实现营业总收入739亿元，同比上升22.51%，海天酱油一年销售200多亿元，老干妈辣酱一年销售50亿元；德青源仅用不到8年的时间，产值就从50万元发展到6亿元，还在2008年、2013年两次荣获全球蛋品行业最高奖"水晶鸡蛋奖"；小零食馋嘴猴豆干年销售5亿元。这是一个孕育奇迹的地方，还有很多奇迹即将在这里诞生。

中国没有小市场。我们每天炒菜使用的酱油，全国每年有500万吨的消费量，被两千多家厂家分食，平均每个企业还不到2500吨。其中消费者认为最好的品牌，提及率才刚刚超过10%，就是这家企业一年销售高达70亿元，非常惊人。比酱油市场分散的市场比比皆是。

在这个大市场里，每一个品类都足以养活起世界级的大企业，甚至在每个区域市场里，每一个品类市场都大到可以培养出区域知名品牌，使企业从小到大，从弱到强。

处在全球最大本土市场中的中国企业，不必舍近求远。做品牌农业首先要在中国赢，在中国市场赢，就能赢得通往全球市场的第一张入场券。这是一个激动人心的巨大市场，是施展雄伟抱负的广阔天地，这里有无限的想象空间和无尽的发展空间，你只会恨自己能力不够，魄力不够，想象力不够，创造力不够。

新时代，科学技术日新月异，社会各行各业得到快速发展。在中国，农业生产方式从传统农业的生产方式向现代农业的生产方式转变。随着人们收入不断增长，生活水平逐渐提高，现代农业的发展正向品牌化、休闲化、娱乐化的方向快速发展。但是，很多农民缺乏品牌意识，也没有相关的手段，尤其是很多地区信息服务特别是农业信息服务缺乏，信息没有统一的收集、管理和协调，造成农产品信息重复率高，规范化和标准化差，农民知道某个农产品畅销后可能一哄而上，结果因为对市场判断不准、技术不过关等原因造成农产品同质化严重，或者品质差，更谈不上品牌。帮助农民解决问题是农村基层党组织的基础工作，农业要可持续性发展，就需要党组织在党建工作中，提高问题导向，引导资金投入，注重人才培养，助推资源整合，打造过硬的"品牌农业"。

江西省上饶市横峰县以创新农业行业党建为抓手，以"结合、共建、服务"为主线，打造"田园党建"品牌。在农业发展中注重党建引领，把党支部建在农业产业链上，推行"支部+产业+基地"的党建模式，把组织优势转化为产业发展优势。

该县将党建工作与农业产业发展相结合，技术服务与支部建设相结合。根据全县农业产业实际情况，以全产业链为对象，跨区域设立了四个农业行业党支部，分别为葛薯行业党支部、桃柚瓜果行业党支部、葛（源）新（篁）种养行业党支部、农旅休闲行业党支部。县农业农村局选派一名班子成员任行业党支部第一书记，再派一名农技人员担任产业技术指导员。积极打造"田园党建，兴安驿站"，通过支部"1+1"共建，社区党员网格化"1+N"联系，由兴安驿站将全县各类果蔬和农特产品，通过上线点单、线下购买方式，将各种果蔬和农特产品送进社区，走进百姓餐桌。

行业支部对外与高校、科研院所开展支部共建，对内开展支部"1+1"共建。葛薯行业党支部与江西农业大学机关第八党支部等六个支部开展联建，为横峰县培育甘薯新品种，落实了甘薯产业试验田4亩左右，采取不同品种、不同栽种方式、不同施肥方法进行对比试验，从中选出适合该县土壤和气候条件的优良品种。葛源镇、新篁办事处联合成立种养行业支部，建立产业联盟，发展区域品牌。以葛、油茶、果业等特色农产品为基础，整合有效资源，精心设计外包装，统一商标标识，开发系列产品，进一步提升产品的附加值，构建特色品牌体系。农旅休闲行业党支部与乡村旅游点共建，整合县域内旅游资源，整理出了5条精品旅游休闲线路，整合横峰农旅休闲资源，积极与各地旅行社和研学团体对接。

（资料来源：上饶日报）

第二节 土而特——农产品品牌这样命名

朗朗上口，容易记的品牌名才是一个出色的品牌名，市场上关于农产品的品牌命名却是良莠不齐，要想农产品获得更好的发展，就得让农产品品牌命名直击消费者的心。

一、农产品品牌命名的方法

（一）写出和"农"有关的名字

带果的名字例如××果园、××果品、××鲜果等；和地理环境相关的如×湖人家、山里×、××山、自然××、××村、××坡等。

（二）写出和"品质"有关的名字

可以在商标上婉转地表现出产品的品质。例如××

优果、××鲜果、好果××、灵果×，等等。用这个方法给农产品商标起名是一个不错的选择。

（三）形象法

形象法就是指运用动物、植物和自然景观来为商标命名。如"七匹狼"服装，给人以狂放、勇猛的感受，使人联想起《与狼共舞》的经典情节；"圣象"地板，让人产生大象都难以踏坏的地板形象；还有"大红鹰""熊猫""美洲豹""牡丹""翠竹"等。运用形象法命名商标，借助动、植物的形象，可以使人产生联想与亲切的感受，提升认知速度，对于农产品品牌命名也是同样的道理。

（四）价值法

价值法就是把所追求的目标凝练成语言，来为商标命名，使消费者看到产品商标，就能感受到企业的价值观念。如上海"盛大"网络发展有限公司、湖南"远大"企业，突出了企业志存高远的价值追求。福建"兴业"银行，就体现了"兴盛事业"的价值追求。武汉"健民"突出了为民众健康服务的企业追求。北京"同仁堂"、四川"德仁堂"，突出了"同修仁德，济世养生"的药商追求。因此，运用价值法为农产品商标起名，对消费者迅速感受企业价值观具有重要的意义。

二、农产品品牌命名的四种模式

（一）农产品品牌的产地品牌

农产品品牌的产地品牌指拥有独特的自然资源以及悠久的种养殖方式、加工工艺历史的农产品，经过区域地方政府、行业组织或者农产品龙头企业等营销主体运作，形成明显具有区域特征的农产品品牌。一般的模式是"产地+产品类别"，如"西湖龙井""库尔勒香梨""赣南脐橙"等，该类品牌的价值就在于生产的区域地理环境，至于是这个区域哪家企业生产的，并不重要。一般这种有特色的农产品品牌都已注册地理标志，受《商标法》的保护，是一种极为珍贵的无形资产。

（二）农产品品牌的品种品牌

这是指一个大类的农产品里的有特色的品种，既可以成为一个品牌，也可以注册商标。例如，"水东鸡心芥菜"就是一个农产品品牌的品种品牌。有的品种到现在为止还没有注册成品牌，但是也广为人知，如红富士苹果。农产品品牌的品种品牌一般的格式是"品种的特色+品类名字"。例如，"彩椒"就是彩色的辣椒，这是外观的特色；"糖心苹果"就是很甜的苹果，这是口感的特色；"云南雪桃"是文化特色等。只要产品有特色,都可以注册成商标,也便于传播。

(三)农产品品牌的企业品牌

农产品品牌的企业品牌指以农产品企业的名字注册商标,作为农产品品牌来打造,例如中粮和首农就是农产品企业品牌,打造的是农产品企业整体的品牌形象。农产品品牌的企业品牌可以用在一个产品上,也可以用在多个产品上,例如"雀巢"这个企业品牌,有"雀巢"咖啡、"雀巢"奶粉、"雀巢"水等。对于农产品流通领域来说,还有一种渠道品牌,也属于企业品牌这一类。渠道品牌就是一个渠道的名字,例如"天天有机"专卖店,里面卖的都是有机绿色食品,店里可以有几百个甚至上千个产品品牌。

(四)农产品品牌的产品品牌

农产品品牌的产品品牌指对于单——个或者一种产品起一个名字,注册一个商标,打造一个品牌。例如大连韩伟集团的"咯咯哒"鸡蛋。这种模式大家日常生活中比较常见。

第三节　农产品品牌聚焦三大关键点

老百姓购买水果、蔬菜、米面、肉蛋奶等农产品,最关心的三点就是:安全、新鲜、"土气"。

一、安全是农产品消费的第一关注点

农产品的消费心理,在20世纪70、80年代是"吃得饱",到20世纪90年代是"吃得好",到现在是吃得安全。安全是老百姓现在购买农产品时首要关注的问题,因为病从口入。

基于我国农产品质量安全状况,国家有关部门大力推进食品安全的认证,也就是绿色食品和有机农产品。

目前全国绿色食品、有机农产品和地理标志农产品的

总数达12.1万个，跟踪抽检合格率达到98%以上。一大批优质安全的农产品摆上了超市货架和百姓餐桌，更好地适应了城乡居民多元化、个性化的消费需求。

农业巨头纷纷打"安全"牌。"产业链，好产品"，中粮集团给老百姓传达的是"产业链、好产品，安全品质、好生活"的健康理念。无独有偶，北京首都农业集团的广告语是"安心之选，首农集团"。无论是中粮的安全品质，还是首农的"安心之选"，关注的都是农产品安全问题。

二、新鲜是农产品，特别是鲜活农产品的基础

第一，新鲜是农产品营养价值的保证。

水果、蔬菜在采摘后，仍然是一个活体，是具有生命力的碳水化合物，具有易腐败、不易保存的特点，如不及时消费，一段时间后，就会腐败、变质，失去原有的营养价值。

第二，新鲜是农产品外观价值的直接表现。

老百姓买菜，无法从蔬菜的营养品质、卫生品质去判断，最直观的方式是外观，觉得水灵的蔬菜水果就是新鲜的，显得红润的肉就是新鲜的。因此，新鲜的程度直接决

定老百姓是否购买。

第三，温度是农产品保鲜最重要的条件。

温度越适宜，产品的营养消耗越少，微生物繁殖越慢，保持新鲜品质的时间也越长。同时，温度变化越小，保鲜效果越好。所以保鲜贮藏要求一个相对稳定的低温条件，大多数农产品最适保鲜温度是0℃左右。

三、"土气"有助于提高农产品品质

（一）"土气"是农产品的本质

农产品的根本在于"农"，不同区域的水土、气候、周期生产出不同品种和品质的农产品。"橘生淮南则为橘，生于淮北则为枳"，说的就是同一品种，因为气温、气候、光照、土壤等方面存在差异，从而长出不同的果子。特别是区域特色农产品，靠的就是原产地，才独显价值。我们喜欢吃赣南的脐橙、新疆的苹果、五常的大米、焦作的铁棍山药等，就是这个道理。像日常的蔬菜、肉、鸡蛋等农产品虽然在各地都能生产，但是，在土里种的蔬菜和无土栽培靠营养液生长的蔬菜，品质显然不同。

究其根本原因，就在于千百年来，农产品的生产依附于"农",只有以"农"的生产方式生产出来的农产品,才是真正符合农产品本来属性的产品。因此,"土气"才是农产品的本质。

(二)"土气"是老百姓认定农产品高品质的根本

如果说一个东西土里土气,似乎给人的印象不怎么好,但许多农产品却因为"土气"而大受欢迎,因为老百姓在心中很自然地把"土"和"原始""生态""天然"等现代生活消费的时尚元素联系起来。

在人们的固有观念里,在千百年传承的饮食文化的影响下,"土气"的农产品才是高品质的农产品,这种消费观念不是一朝一夕能改变的,也不是一个产品广告能改变的。只有生产出符合消费观念的农产品,才能占据消费者的心智,才能既卖得好又卖得贵。

我国名优特产品多,都可以注册原产地地理标志,从而保护区域性名优特产品。我国地形复杂,气候多样,不同区域独特的地质地貌和气候差异决定了不同地区农产品的品质特征。

据初步估算,全国目前有一定历史渊源和生产规模的地方名特优产品有2万种左右,平均每个县分布3~5种,其中具有一定知名度和美誉度的约占20%。如浙江省的西湖龙井、江西的赣南脐橙、湖南的湘莲、山东博山金银花等。

然而，还有部分地方政府、涉农协会和企业由于没有充分的知识产权意识，而没有申请地理标志产品来保护当地的名优特产品。截至2019年，我国累计批准地理标志产品2380个（含国外地理标志61个），核准专用标志使用企业8295家，建设国家地理标志产品保护示范区24个。产品范围涉及特色农产品、葡萄酒、黄酒、茶叶、水果、花卉、工艺品、调味品、中药材、水产品、肉制品等，涉农地理标志产品超过1400种，产地范围涵盖全国30多个省、自治区、直辖市。

第四节 党建工作引导农产品深度商品化

各乡村基层党支部坚持党建引领，充分发挥基层党组织战斗堡垒作用，把农产品商品化项目作为促进乡村振兴的有力抓手。如贵州省镇远县大地乡双坝村通过"党支部+企业+农户"方式创新"QQ农场"发展模式，为农特产品打开了市场，吸引了部分年轻人才创业谋发展。2020年，该村在外务工的大学生返乡创业，用紫薯和玫瑰花为原材料酿出的酒，色香味俱全，深受客户喜爱。溧阳市在祠堂村实施农产品商品化试点项目，通过与农产品销售平台合作，建设标准化、商品化的甘薯生产基地，做大做强溧阳的地瓜销售产业。目前，已建成甘薯生产基地260余亩，并同步推进甘薯分拣、包装、冷链仓储等设施建设，形成了全产业链的产业化开发利用模式，在助力脱贫攻坚和乡村振兴方面取得了显著成效。

农产品的商品化,是指对农产品进行的一系列维持和提高品质,实现产品增值,发挥最大使用价值的过程。

农产品的商品化处理,包括对农产品的采收、清洗、分级、加工、储藏等过程。农产品的商品化处理既有利于避免腐烂,减少浪费,又可保持农产品的品质。本节主要谈的是两种更深层次、商品化价值更高的方法。

一、深度分级,把单个农产品"剥开卖"

单个农产品也可以剥开卖。一般的产品分级是按形状、大小等分类,例如,水果按大小、外形等分级,牛、羊按部位不同价格分级等。但很少有人会想到,苹果像牛羊一样切开卖,苹果皮、外层肉、内层肉分开卖。更进一步,能否把苹果作为原料,粗加工成苹果食品,例如,苹果皮干、苹果肉干等。这主要看农产品是否会由于部位的不同而有不同的价值。

哪些农产品能剥开卖?从技术的层面来讲,所有的农产品都可以剥开卖,因为不同的部位都有不同的品质,从而产生不同的价值。但是,在实际操作中,注意两点:一是剥开分级越少,价值越低,例如,前面讲的苹果,外层肉和内层肉各方面品质都差不多，把内外层肉剥开卖价值就不大。二是剥开卖的各层都要有比较成熟的消费习惯，或者有特定的销售对象，这样才能让剥开卖的总价值比单个整卖的总价值高。

二、菜谱化，让农产品组合起来卖

一般情况下，农产品是按种类卖，消费者都是买各种菜，然后回家自己加工、配菜。所以，一般的农产品企业也是这样，卖蔬菜的专卖蔬菜，卖肉的专卖肉，很少有人把蔬菜和肉组合起来，变成一种商品，然后卖给客户。这样的做法就是农产品的菜谱化。

在快节奏生活的城市，时间是人们最大的成本，凡能节约时间的做法都是有很大价值的。把一家一户的分散化的净菜、切菜、配菜的劳动变成一种专业化、规模化的统一劳动，也是很有价值的。

三、农产品也能成为"时尚礼品"

近年来，散养柴鸡、绿壳鸡蛋、有机大米、彩色甘薯、有机蔬菜等中国农产品越来越多地占据着超市的柜台,甚至被当作时尚礼品存放于城市的中产阶级和高收入者的阳台或厨房;许多农民也乐得合不上嘴,因为种养多少年的农作物或家禽,不知道怎么回事,价格一个劲地往上涨,不仅收入成倍地翻,就是拿出去送礼也倍儿有面子,过去一向对自己爱理不理的富亲戚见了这些东西都会露出灿烂的笑容。

据有关部门预测,目前,我国礼品市场有超过8000亿元的市场空间,并且正以每年20%的速度保持增长。农产品作为礼品市场的新宠,正在悄悄地扩大着市场份额,分享着礼品市场的这块大蛋糕。

并不是所有的农产品都可以成为礼品,换言之,只有具备如下条件的农产品才有可能成为礼品。

(一)农产品作为礼品,必须要有品牌,至少是区域名牌

现代社会,品牌对于产品是非常重要的,尤其对于农产品礼品而言。实践证明,优质农产品的品牌经营较一般无牌销售具有更高的售价和更大的销量,在礼品行业更是如此。在市场竞争日趋激烈的今天,离开形象良好的品牌,即使是优质农产品也难以顺利实现其价值。一位学者说

过:"未来的市场营销是品牌互争长短的竞争,拥有市场的唯一办法就是拥有占市场主导地位的品牌"。人们选择礼品要表达自己的一种感情和关系,而且要反映人们地位的被尊重程度,最原始的农产品已经远远不能满足人们的需要,而优质强势品牌刚好能满足人们的这个需要。打造强势品牌、提升品牌价值是发展农产品礼品的长远之道。脑白金的广告词"收礼只收脑白金"让其品牌在人们心中印象深刻,农产品也可以向其学习,使农产品礼品的形象在人们的脑子里留下印象,这样在人们选购礼品时才能有机会被选中。

(二)包装是农产品成为礼品极其重要的环节

中国是一个礼仪之邦,国人更讲究人的形象魅力,包装既是商品的脸面,也代表着购礼者和受礼者的脸面,人们通过产品包装来比较个人在社会中的价值,并通过商品的包装档次来判断自我在他人心目中的评价地位和传达的尊卑关系,包装此时确实真正成了"仪式性"的媒介而存在。农产品作为礼品更要注重包装。通过精选产品并改变传统包装的规格、尺寸、原材料、造型、色彩、宣传形式和内容等方法对产品进行塑造和传播。如牛奶论箱卖,苹果论个卖,纸箱变柳编、竹编、草编,篓变盒等方式。实施这一策略的关键在于对消费心理的把握,对整体市场的包装要深入地比较研究,要能以新奇、别致、有趣、绿色制胜。

(三)地区特色和文化内涵是农产品成为礼品的必要条件

农产品作为礼品要突出产品特色。即有些地区因为独特的气候、植被、水土等原因使得当地一些农作物具有独有的味道、营养成分或者其他特色,把这种独特的东西包装后便成为其核心的卖点,如信阳毛尖、新郑大枣、山西陈醋。有些旅游者之所以到一个地方后要带一些地方特色产品给亲朋好友送去,并不是因为在其他地区没有或是买不到,而是这些产品具有当地的特别之处。打出文化牌,将历史上的传说或故事等赋予到产品中,增加产品的独特内涵和文化价值,使消费者在消费该产品时产生特殊的好感或者积极的联想,并乐于传播该产品的特点,如老婆饼、东坡肘子等。

(四)创新经营是农产品站稳礼品市场的充分条件

品牌依靠优质,优质来源于技术。现代技术的快速发展加快了品种优化过程。将技术及时地运用到产品上,就能转化为生产力,创造出财富。对农产品的食用功能和食用价值进行深度开发，在包装上进行深度设计；同时，在产品理念上进行挖掘，在品牌上进行合理推广，农产品照样能成为送礼佳品。国内某厂家对家禽进行深加工，推出"全鹅宴礼品装"，包括鹅肝酱、即食全鹅、鹅肥肝、鹅肝油、鹅血糕、鹅肉、鹅肝糕、鹅掌等熟食制品。虽然价格不菲，但产品一经推出就大受欢迎。运用之妙存乎一心。只要方法得当，不断创新，农产品也可以化"腐朽"为"神奇"，成为礼品市场的新宠。

（五）加强国际交流合作，引进并研发新品种，增加农产品的新颖性、独特性和稀缺性是农产品成为礼品的有利条件

由于各个国家、地区的地理、自然因素不同，物种也不尽相同，特种蔬菜由此产生。在国外很平常的蔬菜在国内可能就很稀有，如包心生菜、西芹、牛蒡、绿菜花、紫甘蓝等。在20世纪80年代作为特种菜刚引入我国时，只有在各大宾馆、饭店、驻中国使馆、外国商社才能吃到。目前，特种菜已从专供走向百姓餐桌，其质量、档次不断提升，进而发展为高档礼品菜馈赠亲朋好友，已逐渐形成新的消费时尚和潮流。特别是我国加入世贸组织后，国际交往频繁，蔬菜多元化需求特征明显，市场容量巨大，为

特种菜持续发展拓宽了渠道，提供了机遇，更为农产品成为礼品带来了更大的市场空间和机会。

（六）把握节日机会，推动农产品的礼品化

在这个礼品市场中，首先还是应以中国的传统节日为主，利用中国消费者强烈的亲情、友情观念来进行市场开发和销售，将公司产品与节日送礼相联系，增强以节日概念为主的事件营销及感情营销，以增大企业在节日市场上的销售业绩及利润额，但也不可使产品的节日味过于浓重，否则在节日之外便失去了整个市场。不少精明的现代菜老板瞅准了节前的礼品市场，把青翠欲滴的鲜嫩蔬菜精心包装后推向市场。

第五节 特色农产品以差异化为本

北京的大白菜和济南的大白菜表面没什么区别，超市的肉和菜市场的肉看上去也没什么区别，在老百姓的眼里，同一品类的农产品看似都一个样，而从事的行业人士也纷纷感叹农产品是同质化最严重的产品，没法差异化。

差异化是品牌营销的根本法则。有差异的产品才更有营销价值，才更容易获得消费者青睐，才更容易做成品牌，才能卖高价。可是，出自田间牧场的农产品天生就是高度均质、弱差异的产品。

面对高度均质类产品怎么办？将内在品质差异化、外在化！

内在品质外在化、差异化有以下方法。

一、从种养方式和品种改良入手，在产品上制造不同

特别的品种有的会带有独特的外在差异性，这是这类地域特产备受消费者追捧的原因之一，甚至为此津津乐道。营销者要善于将这些产品独特的差异性与品牌相连，使之成为自己品牌的特征，像标志标签一样成为消费者辨识这个品牌的依据。

从种养方式和品种改良入手，在产品上制造不同，这对于加工程度较低的生鲜类产品做品牌尤为重要。近年出现的水果玉米、紫色红薯、云南红色梨等产品，因为极具特色，非常吸引消费者关注，与普通产品容易区隔，显著提高了附加值。

同样是猕猴桃，新西兰从中国引种后，对原先口味偏酸的绿色果肉猕猴桃进行了改良，推出了口味偏甜的黄色果肉的全新品种——黄金奇异果。目前新西兰佳沛国际奇异果每年产量约达8000万箱，99%出口至全球近70个国家和地区，占全球市场份额的28%，远远超过奇异果的故乡中国的出口量。

日本神户牛肉不但从特殊牛种中精挑细选，而且制定

了严格的养殖标准，脂肪和红肉均匀分布的大理石纹，成为神户牛肉的标志性特质。

获得国际风味暨品质评鉴所（iTQi）"顶级美味奖章"的日本"金芽米"，它的美味极其出众，最难得的是，从外观就可以看到其中心金色的胚芽，"均压精米法"和"BG无洗米加工法"等独特的加工工艺，更好地保留了金色的胚芽。"金芽"这一独特特征，突破了稻米差异化的最大难点和瓶颈，打破了越光大米在日本一统天下的局面。

烟草大王褚时健种的橙子，外表并不起眼，拳头大小，表皮还略带青色，甚至还没有街头普通水果摊的卖相好。可是一口下去，让你立刻感觉到它汁甜肉厚，从来没有过的享受，6元一个仍然供不应求。褚时健也成了"橙子大王"。

这里谈的内在品质差异化、外在化，是专门针对农产品尤其是低加工的生鲜农产品天生的弱差异而特别强调的，绝对不是否认内在品质对于品牌的重要性。

二、挖掘提炼产品和品牌价值并加以传播

农产品市场是一个天生高度同质化的市场，同类产品看起来彼此差不多，这就是前面说的"高度均质"问题。

如果产品本身的差异化不足，那么可以在产品和品牌价值上做差异化，用不同的价值彰显不同。

优秀品牌为什么能够产生差异？为什么可以让原本相似的产品显示出不同，继而能够支持高价？答案是：品牌内有价值，外有形象！所以，做品牌简单地说只有两件事，一是做实品牌的里子，二是做足品牌的面子，即：内做价值，外塑形象。

品牌如人，有内涵上的东西，诸如思想、情感、品位等；还有外表上的东西，相貌、身材、衣着等。只有内涵丰富、充实，外表反映内涵，光鲜、引人瞩目，才是优秀的品牌、成功的品牌，才拥有在市场立足的本钱。

经常有企业这样倾诉：我的产品明明比别人家的好，可就是卖不出好价钱。许多企业的产品还是出口产品，标准比国内高很多，可是放在国内就是卖不上价；还有企业陷入了这样的苦恼，好不容易找到一个好产品，可是没等赚多少钱，同类产品就多了起来，结果价格越做越低，大家谁都没钱赚。这些问题大多因为品牌价值不足，至少让消费者看起来不值那么多钱。

产品，除了直观可感的物理属性的有形价值之外，还有许多看不见的无形价值，无形价值与有形产品的有形价值，共同构成品牌价值。许多营销者往往对无形价值重视不够。

无形价值这种东西有时好像看不见、摸不着，但确确实实能够感觉到，对品牌力的形成和销售的达成起着极为重要的作用。只要稍微想一想，卖得贵的品牌都有实实在在的价值。比如茅台酒，无论茅台镇上有多少品牌的酒在酒体上做得多么像茅台，都无法替代茅台第一国酒的地位，因为除了茅台独特的工艺，众多关于它的传奇故事，以及它在外事宴会上与各国领袖的渊源是茅台所独有的，是其他酒品牌无论如何也造不出来的。这就是无形价值的力量。

盛产大桃的北京平谷，挖掘桃子本身吉祥长寿的文化内涵，通过并不复杂的技术让桃子长成寿星的模样，一个卖到100元的高价。

做价值是做品牌的内功，价值不高的品牌，因为没有实际内容，也就没有内在的销售动力。许多企业做品牌，注重知名度，注重大传播，但是没有重视传播什么，做了大量的表面文章，广告、包装、招贴都做了，看起来光鲜热闹，一放在市场里，没有自我内在的销售力量。说到底，是没有搞明白品牌是什么，品牌里面应该有什么东西，怎样往品牌里放东西。

三、消费者差异化

不同消费者对农产品的需求不同。前面我们已经谈过老百姓吃的目标已经由吃得饱到吃得好，再到吃得安全，而农产品的生产，已经由20世纪80年代的短缺到20世纪90年代的供求平衡，到现在的过剩。所以，现在老百姓对农产品就是挑着吃，换着吃，不停更换。这样，就给了农产品企业家一个机会，生产符合不同消费者以及同一消费者不同需求的产品。

农产品企业应该按照什么样的指标来细分消费者？一般情况下，大家可能想到的是按收入来细分，富裕阶层、中产阶层、普通百姓；或者按年龄来细分，老年人、中年人、青少年等。

对农产品，特别是高端农产品，按照特殊需求来细分更合适。什么是特殊需求呢？例如，家里有新生儿，母亲和婴儿对农产品的营养品质和卫生品质就有不同的需求；家里有"三高"老人，对于农产品的营养品质要求也不同。农产品企业先决定生产什么，然后与合适的消费群体匹配，把二者有机结合，才能让差异化策略产生高额的利润。

第六节 党建工作中引导农产品加强认证

由于农产品的产业链既长又宽,影响农产品品质的节点很多,而且农产品从外观来看,很难区别品质的好与坏,很多农产品吃了以后也难以区别品质的优劣,所以,对于立志打造品牌的农产品,不能只自己说自己好,必须得别人说好。

别人说好有两类方法:一类是第三方机构的权威认证,说企业的产品好;一类是第三方授予企业获得的各种荣誉,这些荣誉就暗示企业的产品好。所以,用认证和荣誉能提升农产品品牌的信誉。

一、认证的种类

农产品的认证可以分为产品认证和体系认证两大类。

产品认证有自愿性的认证和强制性的认证，强制性的认证例如食品的 QS 认证，自愿性的认证有绿色食品认证、有机食品认证、种子认证、非转基因认证，等等。体系认证的目标是建立安全食品的生产管理体系，例如 HACCP 认证、GMP 认证等。

二、荣誉的类别

荣誉的类别可以分为企业的荣誉、品牌的荣誉、企业里个人（一般是企业家）的荣誉。企业的荣誉可以是政府、行业协会、媒体或者企业的相关利益方等有公信力的机构给予的荣誉。品牌的荣誉可以是地理标志产品、获得各种奖励、政府或者大型赛事指定用品等。个人荣誉指的是个人获得的各种称号，或者个人在业界的各种成绩。

三、规划农产品的认证和荣誉的原则

现在的认证和荣誉看起来很有光环，但实际上也不是越多越好，因为在这个极端商业化的社会，认证可以用钱买，荣誉也被某些机构发乱了，所以，如何规划好农产品的认证和荣誉，就很重要，不能见到什么荣誉都要。一般来说，选择能够提升农产品品牌信誉的认证和荣誉有三个原则：

第一个原则是公信力原则。公信力强的认证和荣誉更容易让人产生信赖感。国际权威认证比某个国家某个机构的认证公信力强很多；国家级政府机构的荣誉就比行业协会或者什么展会颁的荣誉公信力强很多；世界级别的赛事指定产品比商业化的赛事指定产品公信力就强很多，等等。

第二个原则是合适的原则。认证和荣誉必须适合农产品，才能提升农产品品牌的信誉。农产品企业搞什么ISO质量管理体系认证就显得不是那么合适；农产品企业获得"学生实习基地"也对农产品的品牌提升作用不大。

第三个原则是适度原则。不能什么认证都搞，什么荣誉都要，这样，杂七杂八的认证和荣誉一大堆，消费者一看，心理就会想肯定都是花钱买的，自然而然地就对农产品产生不信任。认证和荣誉体系的规划，目的是提升农产品品牌以及农产品企业的信誉，所以，企业获得所有的认证和荣誉级别最好都差不多，要保持企业的姿态，这样更容易获得消费者的认同。

第三章

党建引领,打造现代智慧农业

第一节　农业物联网成为党建引领助农重要工具

无人驾驶插秧机、智能化叶龄诊断、智能化控制灌溉、无人驾驶收割机……近年来，农业科技不断发展，农业生产智慧化趋势加快，农业耕种管收智能化、信息化水平不断提高。科技创新是科技进步的源泉，是发展现代农业的原动力和决定性因素。近年来，建设现代智慧农业成为促进农民增收、农业增效的重要着力点，不少地区积极夯实智慧农业基础建设，努力开创智慧农业建设新局面，凭借独特的农产品及"智慧农业+物联网"的新模式，走出了一条新型的农业发展之路。

党组织在帮助农民发展生产、增收增效时，要重点关注先进技术的应用，为"三农"提供智力支持。党建工作中要充分发挥科技在农业生产中的作用，建立完善的科技服务体系，提高农民科学素质，依靠科技提高内生发展动力，从"大水漫灌"向"精准滴灌"转变，从"输血"向"造血"转变，增强农民户自我发展能力。农业物联网技术在农业生产中的应用越来越广泛，对农业生产力的提升效果显著，党建工作应给与重点关注，帮助智慧农业建设落后地区使用物联网技术，提升农业生产效率。

物联网（Internet of Things，IoT）最早是由麻省理工学院阿什顿（Ashton）教授1999年在研究射频识别时提出的。目前公认的物联网定义是国际电信联盟给出的。国际电信联盟认为，物联网是通过智能传感器、射频识别（RFID）、激光扫描仪、全球定位系统（GPS）、遥感等信息传感设备及系统和其他基于物—物通信模式（M2M）的短距无线自组织网络，按照约定的协议，把任何物品与互联网连接起来，进行信息交换和通信，以实现智能化识别、定位、跟踪、监控和管理的一种巨大智能网络。

国内，工业和信息化部电信研究院认为物联网是通信网和互联网的拓展应用和网络延伸，它利用感知技术与智能装备对物理世界进行感知识别，通过网络传输互联，进行计算、处理和知识挖掘，实现人与物、物与物信息交互和无缝链接，达到对物理世界实时控制、精确管理和科学决策的目的。

经过十几年的发展，物联网技术与农业领域应用逐渐紧密结合，形成了农业物联网的具体应用。目前，官方尚没有关于农业物联网的定义，农业物联网是物联网技术在农业生产、经营、管理和服务中的具体应用，就是运用各类传感器、射频识别、视觉采集终端等感知设备，广泛地采集大田种植、设施园艺、畜禽养殖、水产养殖、农产品物流等领域的现场信息，通过建立数据传输和格式转换方法，充分利用无线传感器网络、电信网和互联网等多种现代信息传输通道，实现农业信息的多尺度的可靠传输，最后将获取的海量农业信息进行融合、处理，并通过智能化操作终端实现农业的自动化生产、最优化控制、智能化管理、系统化物流、电子化交易，进而实现农业集约、高产、优质、高效、生态和安全的目标。

2016年的中央一号文件指出："强化现代农业科技创新推广体系建设。加快研发高端农机装备及关键核心零部件，提升主要农作物生产全程机械化水平，推进林业装备现代化。大力推进'互联网+'现代农业，应用物联网、云计算、大数据、移动互联等现代信息技术，推动农业全产业链改造升级。大力发展智慧气象和农业遥感技术应用。"

物联网在现代农业领域的应用包括：监视农作物灌溉情况；监测土壤空气变更、畜禽的环境状况以及大面积的地表检测；收集温度、湿度、风力、大气、降雨量等数据信息；测量有关土地的湿度、氮浓缩量和土壤 pH 等，从而进行科学预测，帮助农民抗灾、减灾，科学种植，提高农业综合效益。特别是最近几年在设施农业中的运用卓有成效，如种植经济作物的农场安装一套物联网系统，可以实时追踪作物的状况，还可以根据空气和土壤的状况，自动触发相关行为，如浇水或调节温度。

智慧农业是指将物联网技术应用于传统农业生产中，运用传感器和软件通过移动平台或者电脑平台对农业生产进行控制，使其更具"智慧"。狭义的智慧农业包含农业可视化远程诊断、远程控制、灾变预警等智能管理、精准感知、控制与决策管理等方面，广义范畴上，智慧农业还包含农村电商、食品防伪、农业信息服务与农业休闲旅游等方面。

智慧农业是农业生产的高级阶段，是集新兴的互联网、移动互联网、云计算和物联网技术为一体，依托布置在农业生产现场的各种传感节点（环境温湿度、土壤水分、二氧化碳、图像等）和无线通信网络，实现农业生产环境的智能感知、智能预警、智能决策、智能分析、专家在线指导，为农业生产提供精准化种植、可视化管理、智能化决策。智慧农业是云计算、传感网、3S等多种信息技术在农业中的综合、全面应用，实现更完备的信息化基础支撑、更透彻的农业信息感知、更集中的数据资源、更广泛的互联互通、更深入的智能控制、更贴心的公众服务。智慧农业与现代生物技术、种植技术等高新技术融合于一体，对建设世界水平农业具有重要意义。

二、智慧农业解决方案的主要内容

智慧农业解决方案主要包括以下部分：

1. 环境监测系统：空气、土壤温湿度、光照、二氧化碳传感器等。

2. 通信控制系统：无线网关、中继器、路由器等。

3. 设备控制系统：浇灌系统，通风、遮阳、加湿系统，无线智能插座等。

4. 视频监控系统：手持终端、进程大屏幕、智能终端、平板、电脑等。

5.应用管理平台：智能感知、智能预警、智能决策、智能分析、专家指导。

环境监测是农业物联网的核心，包括室内的大棚监测以及室外的农田监测，监测内容要根据农产品的不同而定制。

传感器获取的植物生长环境信息，如监测土壤水分、土壤温度、空气温度、空气湿度、光照强度、植物养分含量等参数，其他参数也可以选配，如土壤中的pH、电导率等。传感器获得数据后，通过中继器（一般使用 ZigBee/SmartRoom 传输技术）传送到网关，网关通过 WCDMA/GPRS/SMS 等运营商管道与平台通信，平台对数据进行分析、报警，以直观的图表和曲线的方式显示给用户，并根据以上各类信息的反馈对农业园区进行自动灌溉、自动降温、自动卷膜、自动进行液体肥料施肥、自动喷药等自动控制，确保农产品的正常生长，同时有助于实现精细化农业生产，提升农产品的品质与产量。

智慧农业中配置了丰富多样的传感器。根据作物的不同，包括空气温度、空气湿度、土壤温度、土壤湿度、土壤 pH、光照（强度、时间）、风力、二氧化碳浓度（也可测其他气体浓度）、溶解氧含量、叶面水分等数百种传感器，其中温度、湿度、光照、二氧化碳浓度传感器是最主要的几种农业用传感器。通过广泛布置的传感器，在农业园区内实现自动信息检测与控制，根据种植作物的需求提供各种声光报警信息和短信报警信息。

农业物联网的基本概念是实现农业上作物与环境、土壤及肥力间的物物相联的关系网络，通过多维信息与多层次处理，实现农作物的最佳生长环境调理及施肥管理。但是作为管理农业生产的人员而言，仅仅数字化的物物相联并不能完全营造作物最佳生长条件。视频与图像监控为物与物之间的关联提供了更直观的表达方式。比如，哪块地缺水了，在物联网单层数据上仅仅能看到水分数据偏低。应该灌溉到什么程度也不能死搬硬套地仅仅根据这一个数据来做决策。因为农业生产环境的不均匀性决定了农业信息获取上的先天性弊端，而很难从单纯的技术手段上进行突破。视频监控的引用，直观地反映了农作物生产的实时状态，引入视频图像与图像处理，既可直观反映一些作物的长势，也可以侧面反映出作物生长的整体状态及营养水平。该功能可以从整体上向农户提供更加科学的种植决策理论依据。

三、智慧农业系统的特点

1. 低功耗，节能环保：使用自组网、自愈合、云端计算等新技术。

2. 完全无须布线：完全的无线设备，不需要电源线，更多使用太阳能，不需电池供电；不需要数据线，进行无线进程传输。

3. 支持多种报警方式：手机短信、网络平台报警。

4. 灵活、可靠、稳定：智慧农业使用平台化产品，可扩展性强，自动化程度高。

四、智慧农业的作用

智慧农业能够有效改善农业生态环境。智慧农业将农田、畜牧养殖场、水产养殖基地等生产单位和周边的生态环境视为整体，并通过对其物质交换和能量循环关系进行系统、精密地运算，保障农业生产的生态环境在可承受范围内。如定量施肥不会造成土壤板结，经处理排放的畜禽粪便不会造成水和大气污染，反而能培肥地力等。

智慧农业能够显著提高农业生产的经营效率。基于精准的农业传感器进行实时监测，利用云计算、数据挖掘等技术进行多层次分析，并将分析指令与各种控制设备进行联动以完成农业生产、管理。这种智能机械代替了人的农业劳作，不仅解决了农业劳动力日益紧缺的问题，而且实现了农业生产高度规模化、集约化、工厂化，提高了农业生产对自然环境风险的应对能力，使弱势的传统农业成为具有高效率的现代产业。

智慧农业能够彻底转变农业生产者、消费者的观念和组织体系结构。完善的农业科技和电子商务网络服务体系，使农业相关人员足不出户就能够远程学习农业知识，获取各种科技和农产品供求信息。专家系统和信息化终端成为农业生产者的大脑，指导农业生产经营，改变了单纯依靠经验进行农业生产经营的模式，彻底转变了农业生产者和消费者对传统农业落后、科技含量低的旧观念。另外，在智慧农业阶段，农业生产经营规模越来越大，生产效益越来越高，使小农生产被市场淘汰，必将催生以大规模农业协会为主体的农业组织体系。

第二节　农业物联网技术的六大应用领域

一、农作物土壤信息的物联技术

土壤信息传感包括土壤水分，电导率，土壤氮、磷、钾含量等影响作物健康生长的土壤多参数信息的获取。

土壤水分，又称土壤湿度，是保持在土壤孔隙中的水分，主要来源是降水和灌溉水，此外还有近地面水气的凝结、地下水位上升及土壤矿物质中的水分。土壤含水量直接影响着作物生长、农田小气候以及土壤的机械性能。在农业、水利、气象研究的许多方面，土壤水分含量是一个重要参数。农业生产中，土壤含水量的准确测定对于水资源的有效管理、灌溉措施、作物生长、旱地农业节水、产量预测以及化学物质监测等方面非常重要，也是精准农业极为关键的重要参数。土壤水分传感技术的研究与发展直接关系到精细农业变量灌溉技术的优劣。

常用土壤水分检测技术包括烘干法、介电法、电阻法、电容法、射线法、中子法、张力计法等。由于便于测量，介电法是目前农业物联网中常用的土壤水分检测方法。

电导率是指一种物质传送（传导）电流的能力，土壤电导率与土壤颗粒大小和结构有很强的相关性，同时土壤电导率与土壤有机物含量、黏土层深度、水分保持/泄漏能力有密切关系。常用的土壤电导率检测技术包括传统理化分析方法、电磁法、电极电导法、时域反射等方法，其中电磁法、电极电导法、时域反射等方法由于能直接将电导率转化为电信号，特别适于农业物联网土壤电导率信息的传感。

土壤养分测试的主要对象是氮（N）、磷（P）和钾（K），这三种元素是作物生长的必需营养元素。氮是植物体中许多重要化合物（如蛋白质、氨基酸和叶绿素等）的重要成分，磷是植物体内许多重要化合物（如核酸核蛋白、磷脂、植素和三磷酸腺苷等）的成分，钾是许多植物新陈代谢过程所需酶的活化剂。

土壤养分检测目前多采用实验室化学分析方法。

二、农作物环境信息的物联技术

农作物环境信息的获取主要通过各种传感器,如溶解氧传感器、电导率传感器、氨氮传感器、pH 传感器、空气温湿度传感器、雨量计等。这些信息对农作物的生长具有重要作用,可以通过对环境的监测、调节来达到提高产品产量和品质的目的。

以溶解氧传感器为例。溶解氧是指溶解于水中分子状态的氧,用 DO 表示。溶解氧是水生生物生存不可缺少的条件。对于水产养殖业来说,水体溶解氧对水中生物如鱼类的生存有着至关重要的影响,当溶解氧低于 3mg/L 时,就会引起鱼类窒息死亡。对于人类来说,健康的饮用水中溶解氧含量不得小于 6mg/L。

目前溶解氧的检测主要有碘量法、电化学探头法和荧光猝灭法三种方式。其中碘量法是一种传统的纯化学检测方法,测量准确度高且重复性好,在没有干扰的情况下,此方法适用于各种溶解氧浓度大于 0.2mg/L 和小于氧饱和度两倍(约 20mg/L)的水样。碘量法分析耗时长,水中有干扰离子时需要修正算法,程序烦琐,无法满足现场测量的要求。对于需要长期在线监测溶氧的场合,一般采用电化学探头法（图3-1）和荧光猝灭法（图3-2）。

图3-1　采用电化学探头法的溶解氧传感器

图3-2　采用荧光猝灭法的溶解氧传感器

三、大田种植与物联网

我国种植业发展正处于从传统向现代化种植业过渡的进程当中，急需用现代物质条件进行装备，用现代科学技术进行改造，用现代经营形式去推进，用现代发展理念引领。因此,种植业物联网的快速发展,将会为我国种植业发展与世界同步提供一个国际领先的全新的平台,为传统种植业改造升级起到推动作用。

种植业生产环境是一个复杂系统,具有许多不确定性,对其信息的实时分析是一个难点。随着种植业规模的不断提高,通过互联网获取有用信息以及通过在线服务系统进行咨询是未来发展趋势;未来的计算机控制与管理系统是综合性、多方位的,温室环境监测与自动控制技术将朝多因素、多样化方向发展,集图形、声音、影视为一体的多媒体服务系统是未来计算机应用的热点。

随着传感技术、计算机技术和自动控制技术的不断发展,种植业信息技术的应用将由简单的数据采集处理和监测,逐步转向以知识处理和应用为主。神经网络、遗传算法、模糊推理等人工智能技术在种植业中得到不同程度的应用,以专家系统为代表的智能管理系统已取得了不少研究成果,种植业生产管理已逐步向定量、客观化方向发展。

大田种植物联网技术主要是指现代信息技术及物联网技术在产前农田资源管理,产中农情监测和精准农业作业中应用的过程。其主要包括以土地利用现状数据库为基础，应用3S技术快速准确掌握基本农田利用现状及变化情况的基本农田保护管理信息系统；自动检测农作物需水量，对灌溉的时间和水量进行控制，智能利用水资源的农田智能灌溉系统；实时观测土壤墒情，进行预测预警和远程控制，为大田农作物生长提供合适水环境的土壤墒情监测系统；采用测土配方技术，结合3S技术和专家系统技术，根据作物需肥规律、土壤供肥性能和肥料效应，测算肥料的施用数量、施肥时期和施用方法的测土配方施肥系统；采集、传输、分析和处理农田各类气象因子，远程控制和调节农田小气候的农田气象监测系统；根据农作物病虫害发生规律或观测得到的病虫害发生前兆，提前发出警示信号、制定防控措施的农作物病虫害预警系统。

大田种植业所涉及的种植区域多为野外区域，农业区域有如下两个最大的特点：第一，种植区面积广阔且地势平坦开阔，这种类型区的典型代表为东北平原大田种植区。第二，由于种植区域幅员辽阔，造成种植区域内气候多变。农业种植区的上述两个重要特点直接决定了传统农业中农业生产信息传输的技术需求。由于种植区面积一般较为广阔，造成我们物联网平台需要监控的范围较大，且野外传输受到天气等因素的影响传输信号稳定性成为关键。而农业物联网监控数据采集的频率和连续性要求并不太高，因此远距离的低速数据可靠性传输成为一项需求技术。且由于传输距离较远，数据采集单元较多，采用有线传输的方式往往无法满足实际的业务需求，也不切合实际，因此一种远距离低速数据无线传输技术成为农业信息传输的关键技术需求。

以农田环境监测系统为例，其主要实现土壤、微气象和水质等信息自动监测和远程传输。其中，农田生态环境传感器符合大田种植业专业传感器标准，信息传输依据大田种植业物联网传输标准，根据监测参数的集中程度，可以分别建设单一功能的农田墒情监测标准站、农田小气候监测站和水文水质监测标准站，也可以建设规格更高的农田生态环境综合监测站，同时采集土壤、气象和水质参数。监测站采用低功耗、一体化设计，利用太阳能供电，具有良好的农田环境耐受性和一定的防盗性。

大田种植物联网中心基础平台上，遵循物联网服务标准，开发专业农田生态环境监测应用软件，给种植户、农机服务人员、灌溉调度人员和政府部门等不同用户，提供互联网和移动互联网的访问和交互方式，实现天气预报式的农田环境信息预报服务和环境在线监管与评价。

以农田气象监测系统建设为例（见图3-3），该系统主要包括三大部分。一是气象信息采集系统，是指用来采集气象因子信息的各种传感器，主要包括雨量传感器、空气温度传感器、空气湿度传感器、风速风向传感器、土壤水分传感器、土壤温度传感器、光照传感器等；二是数据传输系统，无线传输模块能够通过GPRS无线网络将与之相连的用户设备的数据传输到互联网中的一台主机上，可实现数据远程的透明传输；三是设备管理和控制系统。执行设备是指用来调节农田小气候的各种设施，主要包括二氧化碳生成器、灌溉设备；控制设备是指掌控数据采集设备和执行设备工作的数据采集控制模块，主要作用为通过智能气象站系统的设置，掌控数据采集设备的运行状态；根据智能气象站系统所发出的指令，掌控执行设备的开启与关闭。

图 3-3 农田气象监测设备

四、畜禽养殖与物联网

畜禽养殖物联网面向畜禽养殖领域的应用需求，通过集成畜禽养殖信息智能感知技术及设备、无线传输技术及设备、智能处理技术，实现畜禽养殖的养殖环境监控、智能精细饲喂、疾病诊治、养殖环境控制。

畜禽养殖物联网主要建设内容包括：

● 养殖环境监控系统。利用传感器技术、无线传感网络技术、自动控制技术、机器视觉、射频识别等现代信息技术，对养殖环境参数进行实时的监测，并根据畜禽生长的需要，对畜禽养殖环境进行科学合理的优化控制，实现畜禽环境的自动监控，以实现畜禽养殖集约、高产、高效、优质、健康、节能、降耗的目标。

• 畜禽精细喂养系统。主要采用动物生长模型、营养优化模型、传感器、智能装备、自动控制等现代信息技术，根据畜禽的生长周期、个体重量、进食周期、食量以及进食情况等信息对畜禽的饲料喂养的时间、进食量进行科学的优化控制，实现自动化饲料喂养，以确保节约饲料、降低成本、减少污染和病害发生、保证畜禽食用安全。

• 畜禽育种繁育系统。主要运用传感器技术、预测优化模型技术、射频识别技术，根据基因优化原理，在畜禽繁育中，进行科学选配、优化育种，科学监测母畜发情周期，从而提高种畜和母畜繁殖效率，缩短出栏周期，减少繁殖家畜饲养量，进而降低生产成本和饲料、饲草资源占用量。

• 畜禽疾病诊治与预测系统。主要利用人工智能技术、传感器技术、机器视觉技术，根据畜禽养殖的环境信息、疾病的症状信息、畜禽的活动信息，对畜禽疾病发生、发展、程度、危害等进行诊断、预测、预警，根据状态进行科学的防控，以实现最大限度降低由于疫病疫情引发的各种损失，控制流行范围的目标。

五、水产养殖与物联网

水产物联网面向水产养殖领域的应用需求，通过集成水产养殖信息智能感知技术及设备、无线传输技术及设备、智能处理技术，实现鱼、虾、蟹等养殖的养殖环境监控、智能精细饲喂、疾病诊治、养殖环境控制，水产养殖物联网总体架构如图3-4所示，主要由养殖环境信息智能监控终端、无线传感网络、现场及远程监控中心、中央云处理平台等部分组成。

六、设施园艺与物联网

设施园艺以日光温室为主，温室结构简易，环境控制能力低；发达国家发展工厂化农业采取的是"高投入、高产出"的高科技路线，欧美发达地区采用智能化温室综合环境控制系统可使运作节能15%~50%，节水、节肥、

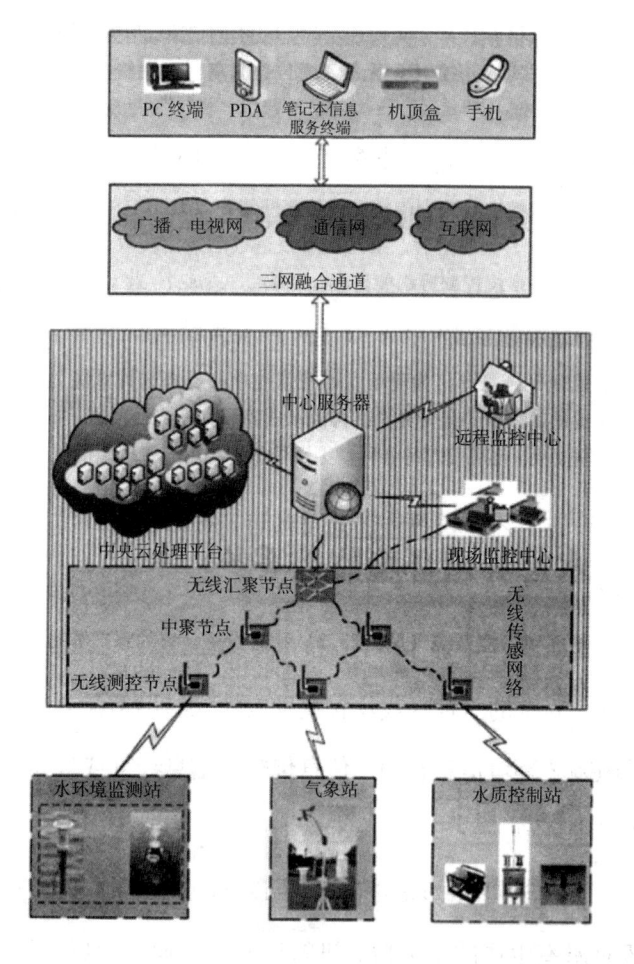

图 3-4 水产养殖物联网总体架构

节省农药，提高作物抗病性。我国设施园艺技术装备近年来得到了快速发展，但在温室环境控制、栽培管理技术、生物技术、人工智能技术、网络信息技术等方面与发达国家相比仍存在一定差距。通过物联网技术可以实现对温室的控制，并达到最优化，实现随时随地通过网络远程获取温室状态并控制温室各种环境，使作物处于适宜的生长环境；同时通过引入智能化装备，高效科学地进行肥、水、药投入，显著减轻设施作业人员劳动强度，显著提高劳动生产率，节约生产成本，提高设施蔬菜平均产量；提高温室单位面积的劳动生产率和资源产出率。

设施园艺物联网是以全面感知、可靠传输和智能处理等物联网技术为支撑和手段、以自动化生产、最优化控制、智能化管理为主要生产方式的高产、高效、低耗、优质、生态、安全的一种现代化农业发展模式与形态，主要包括设施园艺环境信息感知、信息传输和信息处理或自动控制等三个环节。

①设施园艺物联网感知层：设施园艺物联网的应用一般对温室生产的7个指标进行监测，即通过土壤、气象、光照等传感器，实现对温室的温、水、肥、电、热、气、光进行实时调控与记录，保证温室内的有机蔬菜和花卉生产在良好环境中。

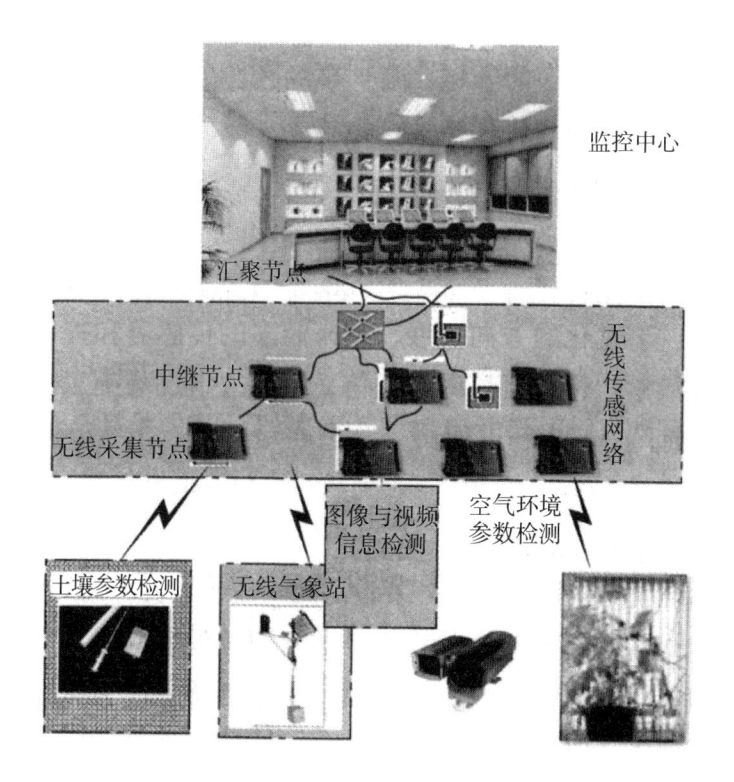

图 3-5 设施园艺物联网应用体系框架

②设施园艺物联网传输层：一般情况下，在温室内部通过无线终端，实现实时远程监控温室环境和作物长势情况。利用手机网络或短信的方式，监测大田传感器网络所采集的信息，以作物生长模拟技术和传感器网络技术为基础，通过常见蔬菜生长模型和嵌入式模型的低成本智能网络终端进行管理。

③设施园艺物联网智能处理层：通过对获取的信息的共享、交换、融合，获得最优和全方位的准确数据信息，实现对设施园艺的施肥、灌溉、播种、收获等的决策管理和指导。结合经验知识，并基于作物长势和病虫害等相关图形图像处理技术，实现对设施园艺作物的长势预测和病虫害监测与预警功能。还可将监控信息实时地传输到信息处理平台，信息处理平台实时显示各个温室的环境状况，根据系统预设的阈值，控制通风/加热/降温等设备，达到温室内环境可知、可控。

第三节 农业中的云计算

国家对于发展云计算和物联网非常重视，以下一代互联网、"三网"融合、物联网、云计算为代表的新一代信息技术正在成为政策重点推动的对象。

2021年12月2日，中国电信天翼云中南数字产业园等重大数字产业项目集中开工活动在长沙天心经开区举行。中国电信天翼云中南数字产业园项目、"天心数谷"一期、长沙总部基地云谷项目三大数字产业项目正式开工，计划总投资额达200亿元，新增产业承载空间61万平方米。中国电信天翼云中南数字产业园项目定位为具有"绿色""安全"等特色的国家级区域数据中心，是中国电信湖南分公司实现云改数转、云网融合、5G大发展战略的重要"基座"项目，也是"国家云池"的重要组成部分。项目将由中国电信湖南公司开发建设，总投资120亿元，项目用地300亩，建筑面积28万平方米，建成后将具备40万台服务器的云资源能力，项目一期投资60亿元，预计2023年8月投产，将为人工智能、物联网、云计算、区块链等新技术提供网络、算力基础。

发展云计算是我国信息产业赶超世界先进水平的重要机遇，也是农业、农村开展行业应用的重要机遇，同时也是发展信息农业与农业公共服务的需要。从成功案例十分匮乏、技术和商务模式尚不成熟的初始阶段到应用案例逐渐丰富、越来越多的厂商开始介入，再到解决方案更加成熟、竞争格局基本形成，云计算的发展将大致经历市场引入、成长和成熟3个阶段，其演进时间可以追溯到20世纪90年代，它是分布式处理、并行处理和网格计算的进一步发展。

云计算被信息界公认为是第四次IT浪潮，其优势表现在以下几个方面：

一是摆脱了摩尔定律的束缚，从提高服务器CPU的速度转向增加计算机的数量，从小型机走向集群计算机、分布式集群计算机，从而优化了计算机计算速度增长的方式。

二是千万亿次超级计算机曙光"星云"具有大规模数

据的计算能力，在新能源开发、新材料研制、自然灾害预警分析、气象预报、地质勘探和工业仿真模拟等众多领域发挥重要作用。

三是具有大规模数据的存储能力，智能备份和监测使系统的稳定性大幅提高，宕机概率减少。

四是以计时或计次收费的服务方式为客户提供IT资源，减免客户对于设备的大量采购，而且具有可伸缩的、分布式的设备扩充能力，大大节约了客户信息化建设成本。

将温室、果园、鸡舍等农业动植物生产的环境信息、生物体信息、农机设备设施信息、生产管理信息等实时地接入网络，特别是在无线条件下连接网络，可以方便地实现对动植物的管理，提高生产效益和产品质量。典型的应用有野外无线上网、移动视频诊断、无线温室监控等。担负实时监测功能的传感设备将产生海量的数据，需要更方便、快捷的传输条件和更加智能的计算分析与处理能力，因此云计算对于农业物联网有着低成本、高效率的网络支持、存储支持、分析支持和服务支持的优势。

云计算将无线通信技术中的GSM、CDMA、SCDMA等高端通信基础所进行的通信连接，采用软件方式进行了优化，使得通信应用领域延伸到了无线视频会议系统、无线远程交互平台等，大量的多媒体数据负载及负载均衡服务器同样需要云计算的技术支撑，如农业专家远程视频诊断系统将所在地的作物图片、视频音频、温湿度等参数上传到专家诊断平台服务器，专家通过查看农作物的病虫害样本图像，即可于千里之外进行现场诊断和指导。因此农业物联网需要农业云计算的计算支撑，需要无线宽带的通道支撑，而无线宽带应用同时又需要云计算的存储支撑和计算支撑。

根据我国农业信息化的需求搭建和应用农业云计算基础服务平台，不但能够降低农业信息化的建设成本，加快农业信息服务基础平台的建设速度，还能够极大地提升我国农业信息化的服务能力。根据我国农业发展的特点，农业云计算的应用，应当建设农业网站业务服务平台和无线终端农业服务平台，以实现农业农村信息资源海量存储、农产品质量安全追溯管理、农业农村信息搜索引擎、农业决策综合数据分析、农业生产过程智能监测控制和农业农村综合信息服务等功能。

借助云平台，农户只需要一个普通的智能手机，安装一个APP即可实现农业生产的云管理。

农业云案例——相思葡萄的"智能农业监控系统"

背景介绍：

地处中国南疆的广西，是适宜葡萄生长的特殊区域，依靠独特的"一年两收"技术，即使在寒冷的冬天，人们依旧可以品尝到新鲜的优质葡萄。然而，要掌握好"一年两收"的种植技术可不简单，因为生产管理人员需要在葡萄生长过程中及时准确地掌握周边环境温度、湿度、光照强度等环境变化信息，并对高温、低温、高湿、弱光等特殊情况进行及时处理。

在广西众多的葡萄种植企业中，南宁相思葡萄农业科技有限公司正是其中的佼佼者之一。公司的宗旨是打造广西最好最大的精品葡萄观光果园，引领全民健康、时尚的葡萄观光采摘消费，全面带动广西精品葡萄产业的发展。相思葡萄目前拥有自建葡萄园五处，共占地500多亩。相思葡萄以"技术至上"为理念，积极与全国各地高校、实验室学习交流，并且于2012年正式在各大园区投入使用"慧云智能农业监控系统"，充分利用"物联网、云计算、移动互联网"等技术升级传统葡萄种植技术,保证葡萄的品质。

此前,为了保证"一年两收"葡萄的高品质,公司技术人员经常奔走于广西以及海南的各生产基地,详细采集记录各大棚内的温度、湿度、光照强度变化情况,观察葡萄的生长情况,并将采集到的数据上传到电脑,进行人工统计分析。这不仅浪费了人力物力,而且严重影响了技术人员的工作效率。园区分散,给企业管理者对园区的管理带来极大的不便。

建设方案:

"慧云智能农业监控系统"立足现代农业,融入国际领先的"物联网、移动互联网、云计算"技术,借助个人电脑、智能手机,实现对农业生产现场气象、土壤、水源环境的实时监测,并对大棚、温室的灌溉、通风、降温、增温等农业设施实现远程自动化控制。结合视频直播、智能预警等强大功能,系统可帮助广大农业工作者随时随地掌握农作物生长状况及环境变化趋势,为用户提供一套高效便捷、功能强大的农业监控解决方案。系统包括监控中心、报表中心、任务中心。

随时了解农业现场数据:在监控中心可结合园区平面

图直观显示农业生产现场的气象数据、土壤数据以及各种农机设备运行状态。

视频图像实时监控：可通过360°视频监控设备以及高清照相机对农业生产现场进行实时监控，对作物生长情况进行远程查看。同时可根据设定，对视频进行录像，随时回放。

远程自动控制：采用全智能化设计的远程控制系统，用户设定监控条件后，可完全自动化运行，远程控制生产现场的各种农用设施和农机设备，快速实现自动化灌溉，以及智能化温室大棚建设。

智能自动报警：根据作物种植所需环境条件，对系统进行预警设置。一旦有异常情况发生，系统将自动向管理员手机发送警报，如高温预警、低温预警、高湿预警等。预警条件触发后，系统可自动对农业生产现场的设备进行自动控制以处理异常情况，或由管理员干预解除异常。

价值所在：

云端模式，随时随地管理：通过使用"慧云智能农业监控系统"，相思葡萄在各生产基地大棚内搭建起无线传感网络，安装传感器、控制器、智能相机等监控设备，土壤温湿度、空气温湿度、风速、风向等，以及园区设备的运行记录、运行状态等数据均通过布置在现场的物联网设备采集上传至云端。技术人员不用在多个园区之间频繁来往，只需要通过手机或者电脑登录智能种植监控系统，就能轻松对分散各地的五个园区进行管理。系统对数据的采集精准度高，并且数据具有实时性。数据采集上传之后，在云平台中进行分析统计计算，自动生成各种报表。技术人员可便捷参考各项数据，为葡萄种植管理做精准快速的决策。

自动化远程控制，降低人力成本：系统实现了远程自动控制功能，种植管理员可以随时随地通过电脑或者手机登录云平台，实现对现场设备的控制。系统同时可以设定自动控制程序，当有异常情况出现时，系统就会发送警报至管理员手机，同时自动启动设备开关，自动实现远程控制。如监测到葡萄园连续一周的空气湿度超过80%，就会给葡萄管理员发送预警，提醒注意预防灰霉病等疾病；监测到温度接近35℃，系统就会自动打开喷雾降温，防止晒伤葡萄。这不仅保证了葡萄良好的种植环境，同时降低了相思葡萄的人力成本。以相思葡萄南宁葡萄园为例，在使用监控系统前，12亩葡萄园总共需要1名管理人员以及3名工人，每天定时检查大棚的各种种植数据，如种植环境异常,则打开相应设备进行等作业,并手动录入数据作为存档。在使用监控系统后,南宁葡萄园取消了管理人员,并减少1名工人。管理人员被调往武鸣葡萄园,同时通过手机云端管理南宁葡萄园。

(资料来源:硅谷动力网站)

第四节 农业生产中的大数据

农业大数据是融合了农业地域性、季节性、多样性、周期性等自身特征后产生的来源广泛、类型多样、结构复杂、具有潜在价值,并难以应用通常方法处理和分析的数据集合。它保留了大数据的基本特征,并使农业内部的信息流得到了延展和深化。

农业大数据是大数据理念、技术和方法在农业的实践。农业大数据涉及耕地、播种、施肥、杀虫、收割、存储、育种等各环节,是跨行业、跨专业、跨业务的数据分析与挖掘以及数据可视化。

农业大数据由结构化数据和非结构化数据构成。随着农业的发展建设和物联网的应用,非结构化数据呈现出快速增长的势头,其数量将大大超过结构化数据。

农业大数据的特性满足大数据的五个特性。一是数据量大，二是处理速度快，三是数据类型多，四是价值大，五是精确性高。

农业大数据包括以下几种：

一是从领域来看，以农业领域为核心（涵盖种植业、林业、畜牧业等子行业），逐步拓展到相关上下游产业（饲料生产、化肥生产、农机生产、屠宰业、肉类加工业等），并整合宏观经济背景的数据，包括统计数据、进出口数据、价格数据、生产数据、气象数据等。

二是从地域来看，以国内区域数据为核心，借鉴国际农业数据作为有效参考；不仅包括全国层面数据，还涵盖了省市级数据，甚至地市级数据，为精准区域研究提供基础。

三是从粒度来看，不仅包括统计数据，还包括涉农经济主体的基本信息、投资信息、股东信息、专利信息、进出口信息、招聘信息、媒体信息、GIS坐标信息等。

四是从专业性来看，应分步实施，首先是构建农业领域的专业数据资源，其次应逐步有序规划专业的子领域数据资源，如针对肉鸡、蛋鸡、肉牛、奶牛、肉羊等的专业监测数据。

第四章

党建引领,特色产业助农增收

第一节 "党建+"让农村养老服务更有温度

中国的老龄化速度在加快,这样一个持续增长的老年群体肯定会为养老产业的可持续发展提供相当大的消费人群。经济的飞速发展,老年人群的快速增长,消费需求的持续增温,使得养老产业拥有十分光明的前景。不过,这光明的前景离不开社会各类力量的参与,是否能够把握住是相当重要的。如果真的把握住了,那么我国养老产业将会形成巨型产业,年产值过万亿元。

过去5年来,我国养老机构建设迎来快速增长。民政部统计数据显示,截至2020年6月底,全国已有近22万个养老服务机构和设施,790多万张养老服务床位,同比分别增长26.6%和7.7%。2019年中国各类养老服务床位数量达775万张,较2018年增加了47.9万张,同比增长

6.6%。每千名老年人拥有养老床位30.5张，比上年增长4.8%，床位数是老年人口总数的3%左右，还处于较低水平，有着非常大的缺口需要进行填补。

农村养老服务作为乡村振兴的重要民生议题，是基层党组织要重点关注的领域。做好农村养老工作，基层党组织大胆创新、破题攻坚。针对农村老人面临着经济、生活照料以及身心健康等多种问题的困扰，坚持党建统领，审时度势，开拓思路，通过党支部领办养老机构、引入外部养老服务公司等，整合村庄和社会力量，推动建立健全关爱农村老人服务体系，有效提升农村老人幸福感、获得感。在筹资上，按照党建引领、政府支持、村级主办、多元筹资的总体思路，建立健全由基层党组织整合服务资源、服务项目的机制，由各级党委统筹，协调项目建设政策、资金、模式；在服务质量上，制定出台"党建+农村养老服务"建设指导标准、运行成本管理、健康文化娱乐管理、食堂管理等规章制度，将党建工作与养老产业的具体运营紧密结合起来；在制度建设上，建立基层党委定期研究农村养老工作制度，定期督促检查、通报工作进展，并在筹资模式、规章制度、服务提供、考核机制上体现"党建元素"。

近年来，南昌市坚持党建引领、破题攻坚，闯出一条可复制、可推广的"党建+农村养老服务"新模式，积累了农村养老服务的"南昌经验"。

"公建民营"敬老院，兜底拓宽养老服务。为推动敬老院社会化运营，南昌市筹办了高新区麻丘镇敬老院，是该市首家社会化运营养老机构，现有在院老人47人，其中特困供养对象20人，低保等社会对象27人。同时，高新区还建立了区、镇（处）、村"三级联动"工作机制，安排党员干部对特困老人开展日常探视、定期巡访、结对帮扶行动。目前，该区共成立了农村养老帮扶党员志愿服务队52支，1720名党员干部共走访探视农村老年人3800余人次，开展各类志愿服务1800余次，发放走访帮扶资金150余万元。

南昌市南昌县幽兰镇下辖29个村委会，211个自然村，总人口8.2万，共有83个党组织、2258名党员。为应对农村人口老龄化、空巢化和留守老人就餐难的情况，幽兰镇以党建为引领、居家为基础，在全镇29个建制村实现了居家养老服务全覆盖，让老年人老有所养、老有所乐。

南昌县社会福利院建于2009年，主要为全县特困供养老年人提供照护服务，同时面向社会开放，接纳社会老人养老。为全面提升福利院护理能力，南昌县安排专项资金对福利院进行全面提升改造，为在院老年人提供"医疗、养老、护理、康复、社工"五位一体的多元化服务，让全县特困失能老年人在这里能享受到幸福的生活。南昌县社会福利院引入专业医养结合养老机构参与运营管理，为老年人提供良好的医疗服务。（资料来源：中国社会报）

2015年，北京怀柔区田仙峪国奥颐悦乡村休闲养老社区正式运营，成为北京市首个农村休闲养老社区。社区采取的是农村闲置房屋所有权、使用权、经营权"三权分离"的原则，"农户+合作社+企业"的经营模式，建立起了"农民所有、合作社使用、企业经营、政府管理服务"四位一体的运行机制。社区共流转和改造了院落30处，每处都充分体现出乡居韵味，走进社区，随处可见茶道、戏曲、中医等不同的文化元素，让社区在"乡趣儿"与"潮范儿"中有了平衡。外表味道十足，内部装修则突出"洋气"，功能完善性和便捷程度全部符合现代家居的标准,老人生活十分方便。

随着经济发展,城市的空气污染、交通拥堵、生态破坏等问题,人们更加渴望拥有生态、绿色、环保、宁静的生活环境,更加希望回归自然、返璞归真的生活,因而生态休闲养老也将逐步成为人们追求的时尚,成为养老消费的流行趋势。

生态保护是打造生态休闲养老乡村的首要前提。一是抓好生态系统恢复工作。采取积极的环境整治措施,加大生态脆弱区保护力度。保持公益林建设的成效,推进绿化造林、封山育林、退耕还林的长期化、长效化。大力推进林木绿地认建认管认养活动,促进造林绿化工作深入开展,使整体生态系统不断朝良性循环方向发展。二是抓好水环境保护。加大水环境保护宣传工作,指导各街道村镇,尽快完善污水处理设施,提升污水处理能力。有效控制河道采砂、网箱养殖规模,防治水库水质富营养化。三是抓好村内外环境整治。积极改善"脏、乱、差"的村域生活环境,及时清理柴堆、粪堆、垃圾堆;彻底拆除残墙断壁、违法违章建筑;抓好村庄绿化、硬化、亮化的各个环节、各个部位,通过一系列整治,达到山、水、村的环境整洁优美。

一、注重特色开发,发展"养老"产品

特色开发是生态休闲养老乡村建设的生命。一是构建特色养老村发展模式。根据县域乡村的不同特点,将适合开发建设生态休闲养老项目的村进行类型分类,按类别打造各具风情特色的生态休闲养老乡村,建设完善的配套设施,以迎合不同需求的消费群体。

①自然景观型生态休闲养老乡村

依托独特的山水环境资源,打造以自然景观为主题的生态休闲养老村。村内外天然现存的各类自然田地、群山、河流湖泊、森林、耕地等,保留下来并加以保护和部分改造,并根据村内自然景观的不同特色等方面来分析、发掘村内生态特点,从形态、色彩、听觉、嗅觉上挖掘自然景观的看点,并与村内原有的农业系统相结合,规划适合乡村的项目,吸引对自然景观有兴趣的消费群体。

②特色文化型生态休闲养老乡村

一些村庄具有多元的民俗文化,如梅湾的红色文化,睦田的佛教文化、石浦的船帮文化、高畲的畲族文化等,可以充分利用文化特色和民俗风情,开发建设观光游览、教育科普、节庆会展、创作演出等方面的项目,发挥各个

村在文化特色上的优势，专心于一种文化的建设，配合其他方面的特点，再将生态、文化、休闲相结合，打响村子的文化品牌，吸引喜爱人文、民俗文化的消费群体。

③农业观光型生态休闲养老乡村

打造以农业观光为主题的生态休闲养老村。一些村庄农业发展较好，农产品资源丰富，种植了具有当地特色的农副产品，不单可以挖掘这些农副产品本身具有的经济价值，还可以挖掘种植生产过程中的价值。这些村可以建立观光农园、农业公园、教育农园、蔬果乐园、动物农场、体验式庄园等项目，吸引对农业生产过程和农产品感兴趣的消费群体，可以进行观光、接受教育、获得体验，可以实现农业生态、经济和社会效益的有机统一。

第一，要充分挖掘田园乐趣、民俗乐趣以及农村生产、生活乐趣，把现代的理念和传统文化相结合，创新游乐项目，不断丰富生态休闲养老乡村娱乐产品的内涵，让消费者在民俗体验、农事劳作中得到放松，享受快乐。挖掘开发农事体验、农家拓展训练、农耕农艺比赛、手工艺品和农副食品制作等DIY体验活动，让消费者在自然野趣中体验"采菊东篱下，悠然见南山"的原生态生活。

第二，要加强养老服务人员道德培训，强化服务意识，严格执业资格，加强规范生态休闲养老乡村的服务标准和价格，规范服务和收费标准。加强生态休闲养老乡村协会的建立，组织开展经常性业务活动，采取协会对养老农家服务监督、客源统一调配，餐宿用品统一采购。定期开展服务技能比赛及服务人员集中培训等工作，努力提高养老农家的整体服务质量及水平，使这些村落的最终成为具有鲜明特色的养老休闲村落群，为游人提供吃住行一体的优质生态休闲养老服务，形成可持续发展。

二、加强乡风建设，宣传"养老"理念

要建设"乡风文明和谐"的生态休闲养老乡村，村民的道德建设和文明行为养成是关键。

一是培养良好的生活观念。要结合乡村实际情况，修订完善适合村级层面操作的村规民约和行为规范，营造诚信友爱、谅解宽容的人际关系，建设团结互助、和衷共济的社会氛围。开展以文明出行、文明交往、文明办事和文明生活为主要内容的"与文明同行"活动，引导农民强化文明意识、科学意识、卫生意识，自觉认同和践行健康、科学、向上的生活方式。

二是有效提高个人素质。搭建农民学习的平台，利用乡镇教育网点及现代远程教育网络平台，有针对性地开设农民学习网站、科技进村、文化讲堂、服务网点等适合农民特点、寓教于乐的学习载体，帮助农民提高综合素质和竞争实力。

三是宣传营造养老氛围。浓厚的养老氛围直接影响着生态休闲养老乡村建设的吸引力。要抓住当前这个信息高速发展的时代，多角度、多元化的开展"生态休闲养老乡村"的宣传推进工作，形成宣传养老、崇尚养老、懂得养老、讲求养老的浓厚氛围。要积极策划乡村节庆活动，组织村民自发参与举办丰富多彩的养老宣传文化活动，影响和吸引外地游客，让其在文化活动中，感受养老文化的魅力。

合作社把房子租给城里人养老

在浙江省杭州市西北角的百丈镇泗溪村，这个四面环山的小山村正在把城里老人"接来"养老。

山村里，72岁老人徐奶奶开办的康寿托老所小有名气。据徐奶奶统计，在康寿托老所刚刚创办的时候，村里有

64户人家到她家登记，准备在自己家接待城里老人。为了吸引城里老人入住，这些50岁以上的村民还在家里配齐了有线电视、煤气灶、太阳能热水器，改造了卫生间。

与徐奶奶创办时不同，北京市怀柔区渤海镇田仙峪村创办首家养老农宅合作社时碰了不少"软钉子"。

田仙峪村村主任说，本以为农民出房、合作社入股、公司经营的合作方式会引起村民的兴趣，但创办之初三天内，却没有一个村民前来报名。

疑惑不解的村主任到村民家里了解他们的想法，发现村民确实有顾虑，而且还不少。

租约20年，时间太长，政策万一变化了呢？遇到拆迁、占地、盖房等情况怎么算？房子租出去后，宅基地算谁的？走访中，村民的问题一个接一个。

村主任一项项跟村民解释：宅基地属于房主所有，日后一旦发生拆迁等不可抗力情况，经过评估后，将部分资金退给合作公司。

国奥集团下属的国奥文化产业投资有限责任公司是合作社的投资者，主管该项目的副总经理并未过多考虑政策变动的因素，她认为，作为政府引进的试点，该项目在短期内不可能发生拆迁等不利情况。

在村干部的带动下，田仙峪村现在已经有35户村民把自己的闲置房屋"上交"。作为样板间的3套农宅已经装修完毕，分别主打仿古、原生态、现代三种风格，但无论哪种风格，都适于老人居住生活。

徐奶奶的家里住进了13名前来养老的老人。村里不少人家都有老人入住。一出门，村里都是老头老太太。

据徐奶奶介绍，泗溪村养老的优势在于：空气好，老人吃的都是自己种的菜、不打农药，喝的是山泉水。

城市老人到农村养老的优势，一是老人们喜欢安静，而对城市喧嚣的环境不适应；二是农村空气比较好；三是老人越来越注重养生，农村吃的、喝的都是原生态的东西；四是在农村养老比在城市经济实惠得多；五是农村自由空间大，老人们感到逍遥自在，没有城市养老机构封闭式管理的那种被"圈养"的感觉。

尽管农村养老有不少优势，但也面临着不少问题。例如，城里老人到农村养老，医疗是一道绕不过去的坎。低龄老人相对好说，80岁以上的城市高龄老人到农村养老，医疗问题如何解决？冬季取暖怎么办？

这些问题徐奶奶都遇到过，甚至因此导致老人流失。72岁的王大爷就是在村里住了半年后，因为要住院治病而离开。

国奥集团在前期调研中同样发现了这些问题，有老人问，到农村去养老，医保能刷卡不？有的老人因为供暖问题在冬季离开，成为"候鸟"。还有的老人要求在村里配备ATM机，方便取钱。

不过，在政府的支持下，村里正将卫生室升级为卫生服务中心，老人可以直接刷医保卡。同时，村里冬季取暖用电代替煤，而且取暖电价政府补贴一半。经过测算，实际费用并不高。

在村民获得固定租金收入的同时，田仙峪村养老农宅合作社同样关注城里老人来养老能给村里带来什么样的变化，将其作为养老产业来经营。村里正在搜集有就业需求的村民信息，并计划开展厨师、服务人员等定向培训，为本村村民带来更多的就业机会。

城市老人融入农村生活后，可以给农村带来丰富的城市元素，带动农民观念更新和素质提升。这也在一定程度上助推新农村建设，新农村不仅是新农房，更是新环境、新思维与新农民的结合。

第二节　建设宜居乡村特色小镇

当前，我国与世界发达国家之间的差距正在逐步缩小。随着城镇化进程的加快，农村人口与城市边缘地带人群如何有效地导入城市，以及城市新生一代的力量如何有效地融入城镇中，成为当前摆在城镇化道路上的重要问题。特色小镇由此孕育而生。

作为加快新型城镇化建设的一个重要突破口，培育特色小镇是2017年从中央到地方都在大力推进的重要任务。2016年10月14日，住房和城乡建设部公布了第一批中国特色小镇名单，进入这份名单的小镇共有127个，其中浙江8镇入选，位列榜首，其次的江苏、山东和四川各有7镇入选。

从入选名单可以看出，浙江占比重最高。而特色小镇的模式也正是起源于浙江,之后在全国迅速发展。不过特色小镇并非浙江原创,在国外已经有着比较悠久的历史,也沉淀了非常多知名且成功的特色小镇案例。

特色小镇的特点如下:

(1)不要"千镇一面",要"小而美"。过去,我国一些城市的建设被批评为"千城一面",不重视差异化的建设与发展,导致许多城市大同小异。如今,在特色小镇的建设中,从一开始就确立了不要"千镇一面"的思路。从特色出发,可以窥见当下中国特色小镇的思路。

(2)经济新常态下的创新模式。对于经济进入新常态的中国来说,以特色小镇为代表的新型城镇化建设,不仅是一种创新,同时也是一种非常有价值的探索。如果说转型升级是倒逼和牵引两种力综合作用的结果,那么,特色小镇就是一种正面牵引力,也可以说是一种新机制。创建特色小镇这一创新模式,倒逼着政府职能与管理做出相应的改变以适应新的发展模式。

(3)将产业集聚特色化。特色小镇尽管在我们国家的发展时间短,但其将产业、生活、文化等多种要素有效地叠加与融合在一起,从目前的发展情况来看,已经表现出了很强的示范效应和发展潜力。而对于当前的城镇化发展，或是一些地方政府而言，特色小镇既是当下经济增长的新抓手，同时也代表着未来。

产业是特色小镇的灵魂和生命力所在。2015年，浙江省37个省级特色小镇创建对象完成特色产业投资近290亿元，占投资总额的60%；特色产业工业企业主营业务收入近240亿元，占特色小镇工业企业主营业务收入的68%；特色产业服务业营业收入超过400亿元，占特色小镇企业服务业营业收入的66%。建设特色小镇要准确理解中央和国务院的指示精神，不能一哄而上，为了"特色"而"特色"。特色小镇只有先将本地的特色产业做起来，才能分流一些特大城市以及大城市的人口，同时解决就业问题，创造税收。各地的特色小镇不是靠"撒胡椒面"搞出来的，而是根据自身的产业特点以及特色打造出来的。

一、特色小镇建成后需要提升自身造血功能

特色小镇不是应景的项目，也不是地方政府的面子工程。严格来说，地方政府和社会资本斥巨资打造的特色小镇必须保持长久的活力和生命力，才能实现政府建设特色小镇的初衷，达到社会资本的投资回报。因此，对特色小

镇而言，要地方政府长期无限地给予补贴并不现实，要社会资本大量投资却长期亏损更不可能，需要小镇建成后提升自身造血功能，为此首先就需要把特色产业摆在最突出的位置。对此，江苏省发展改革委指出，特色小镇发展，产业是持续造血的根本。没有产业，只会成为徒有其表的空城。

二、特色小镇需要扎实的产业基础

产业基础是打造特色小镇的前提。调研发现，在特色小镇建设领域成效明显的浙江省、江苏省、上海市乃至整个长三角地区，产业基础是特色小镇建设最明显的动力。如浙江省块状经济突出，产业基础扎实，某一种特色产业遍布一个镇甚至跨越几个镇，形成了在某一行业领域的领军者和"单打冠军"：浙江省产生了一些在全国乃至世界都知名的特色小镇，这些小镇均以产业命名，如青瓷小镇、黄酒小镇、袜艺小镇、画艺小镇、红木小镇以及赏石小镇等，仅从小镇的名字就能清楚地知道相关特色产业在小镇发展过程中的作用和地位。

三、形成产业项目与产业集群

在对特色小镇进行战略规划后,最重要的是要有落地的特色产业,以及与特色产业相关的具体项目。可以说,具体项目是支撑特色小镇建设发展的核心细胞。如果把特色小镇建设比喻成一个"面",特色小镇中的一个个项目(包括基础设施建设项目)是一个个"点",那么,产业无疑是这个"面"上串起一个个"点"的一根根"线"。串点成线、点线结合、线面结合,是最理想的格局。

此外,好的特色小镇应有产业集群,即企业相互之间高度细密的分工与合作关系,这种模式造成了集群,它是自组织体系的,集群反过来又会造就小镇的自组织特性。具体来说,在发展壮大主导产业和支柱产业的过程中,要在财政、税收、金融、用地政策等方面支持龙头企业,发挥其引领和带动作用,从而推动和形成产业集群,在节约交易成本和抱团发展的同时,形成产业规模效应。

四、提高产业集聚度与产业链完整度

众所周知,特色小镇建设涵盖的内容丰富多元,但最核心的是特色产业。具体来说，就是围绕特色小镇的特色产业，通过工商（工业和商业）互补，文旅（文化和旅游）互助，从制造业、金融业延伸到休闲娱乐、住宿餐饮、文化旅游、体育健身、养老医疗等各个行业，以提高特色小镇的产业集聚度、产业链完整度和融合发展的综合实力。

概括而言，特色产业是特色小镇建设的"发动机"，是特色小镇持续运营的"助推器"。

国家重点推广特色小镇，与当下我国经济转型和产业转型升级的大背景息息相关。对于国家而言，特色小镇建设的核心要义是实现产业转型升级，且应与目前国内正在大力发展的绿色经济、低碳经济、循环经济相适应。

科学的产业规划是特色小镇发展的前提和保障。因此，在产业规划方面，特色小镇一定要基于小镇所在地的资源基础、产业基础、经济状况，以及人员规模、劳动力结构、人口素质等各个方面的因素改造、提升已有的产业，同时积极培育新产业。

五、招商："横向厚度"与"纵向长度"

无论是发展数十年、上百年甚至上千年的历史经典产业（如瓷器、布艺、画艺、具有浓郁地方特色的饮食等），还是战略性新兴产业（互联网、新能源、智能产品等），都需要引进外来优质企业，引来"活水"。一方面，需要打破因循守旧、不思进取的怪圈，对传统经典产业更是如此。所谓"流水不腐，户枢不蠹"，只有竞争才能促进发展，才能不断创造新的具有竞争力的产品，实现产业转型升级。另一方面，引进新的产业，可以完善特色小镇的产业链条，促进分工合作，提高小镇生产效率，形成一个具有核心竞争力的"拳头"，从而更好地滋养地方经济。

具体来说，要从"横向厚度与纵向长度"两个方面做文章。第一，要打造特色产业的厚度，引进的产业需要与当地产业"横向聚集"，必须是与当地产业同一类型或者高度相关联的企业和产品。不能搞"拉郎配"，更不能有"捡到篮子里都是菜"的想法。否则，引进的企业和产品如果与特色小镇的产业关联性不够或者根本无关，不仅不会增加小镇特色产业的厚度，而且很可能起到负面作用，削减产业的核心竞争力。最后小镇没有打造成"精品店"，而是成了"杂货铺"。

第二，要拉伸产业的长度，即纵向延伸强化产业链条，提升产业的附加值。随着社会经济的快速发展，产业的总体趋势是分工越来越细，专业化程度越来越高。由于特色小镇一般都有扎实的产业基础，具有较强的竞争力和较高的知名度，因此，在引进产业方面，应重点围绕已有特色产业延伸产业链条：既可以向上游的基础环节和技术研发环节延伸，又可以向下游的市场拓展环节延伸，这有利于整合当地企业资源和降低企业生产经营成本，最终增强小镇特色产业的核心竞争力。以旅游特色小镇为例，可以通过引进与旅游相关的产业，打造"旅游+"的产业集群，从而发展旅游产业，丰富旅游业态，形成二次消费，拉动地方经济增长。

六、特色小镇的类型及未来重要领域

通过分析国内特色鲜明的特色小镇，总结归纳出十大小镇类型：

历史文化型，如浙江的黄酒小镇、青瓷小镇、丝绸小镇，贵州的茅台酿酒小镇，河北的馆陶粮画小镇等；

城郊休闲型，如贵州的美食小镇、北京小汤山温泉小镇等；

新兴产业型，如浙江的梦想小镇、云栖小镇、云制造小镇等；

特色产业型，如浙江的大唐袜艺小镇、巧克力甜蜜小镇、毛衫时尚小镇等；

交通区位型，如浙江的萧山空港小镇、北京的新机场服务小镇等；

资源禀赋型，如浙江的石雕小镇、龙坞茶小镇等；

生态旅游型，如云南的丽江玫瑰小镇；

高端制造型，如荆门爱飞客航空小镇；

金融创新型，如浙江上城玉皇山南基金小镇、北京房山基金小镇等；

时尚创意型，如浙江余杭艺尚小镇、兰亭书法文化创意小镇等。

那么，具体哪些地方具有被培育成特色小镇的潜质？地方政府应该从哪些方面入手才能抓住特色小镇培育的"牛鼻子"？又应该怎样规避"千镇一面"？

研究发现，未来特色小镇培育的重要领域如下：一是旅游业。我国有五千年的文明史，拥有丰富的自然和人文历史资源宝藏。二是现代制造业。现代制造业是现代科学技术与制造业相结合的产物。经过几十年的改革开放，我国大力发展制造业，尤其是在珠三角和长三角等经济发达地区，制造业已经有了雄厚的技术积淀和资本积累。而现代制造业实质是制造业结构的升级优化，其重点强调知识、技术含量、现代管理理念等核心元素，具有附加值大、利润率高、核心竞争力强等特点。三是高新技术，如大数据、云计算、移动互联网等。如果地方政府能够抓住高新技术，必将在特色小镇的竞争中占有突出的优势。四是商贸物流。随着我国乡村消费升级和电商在乡村不断深入，电子商务、消费型商贸和物流有机结合的地方可以发展成为独具特色的小镇。五是"双创"。拥有科技创新和现代服务业优势的地区将在特色小镇的发展上率先发力。此外，现代教育业（包括作为公共服务存在的教育事业和作为商业化形式发展的教育产业）、大健康产业（包括现代医疗医药、生物工程、养生养护养老等）、现代农业（包括绿色休闲农业、旅游观光农业等）等行业符合我国国情，是未来的发展趋势，必将得到政府的大力支持，也必将在特色小镇发展中脱颖而出。

总的来说，特色小镇建设的核心是产业融合、产业延伸、产业转型升级，由此带来小镇的产业聚集、人口聚集和消费聚集。结合优美的环境、完善的配套设施和舒适的居住创业环境，形成一个集优美环境（包括自然环境和制度环境）、优质企业（包括技术类企业和金融类企业）、优秀人才（包括工程技术类、经营管理类、金融财务类人才）等多种要素于一体的区域，最终带动地方经济社会的快速发展。

第三节　创新党建引领，激发民宿活力

近年来，随着生活水平的提高，逐渐富裕起来的人们在解决了基本的物质生活需求后，开始追逐更高的精神文化生活，在交通越来越便利的基础上，人们越来越多地走出自己世代居住的小环境，去见识丰富多彩的外面的世界。旅游成为越来越多人的选择，国内游、国际游呈现日益火爆的可喜趋势。根据文化和旅游部发布的"2018年文化和旅游发展统计公报"，数据显示，2018年全年国内旅游人数 55.39 亿人次，增长 10.8%，入境旅游人数 14120 万人次，增长 1.2%，出境旅游人数 14972 万人次，增长 14.7%。初步测算，全年全国旅游业对 GDP 的综合贡献为 9.94 万亿元，占 GDP 总量的 11.04%。旅游直接就业 2826 万人，旅游直接和间接就业 7991 万人，占全国就

业总人口的 10.29%。

与旅游联系最密切的是吃和住，随着人们对生活水平的要求越来越高，人们对住宿的要求已经不再仅仅满足于基本的睡眠需求，追求高质量的住宿环境获得身心愉悦的体验，成为人们的一致追求。常规的酒店往往局限于规范化管理的框架，提供的服务一般是标准化的服务，变化较少。在如今，人们越来越喜欢个性化、定制化的服务，喜欢有新鲜的体验，这就催生了一批自主性强、经营更灵活、服务有差异的特色住宿经营者，在共享经济盛行的环境下，民宿成为这些特色住宿经营者中的佼佼者。

我们民宿市场快速兴起，成为众多旅行者喜欢选择的对象，尤其是文化水平较高、年轻的群体更加喜欢将民宿作为旅游住宿的首选。

乡村民宿能为农民带来经营性的创业性收入，其收入会成为农民收入结构中最丰厚的一部分。民宿经济发展能带动当地农产品的销售，很多特色农产品受到游客的喜爱，不用再通过批零渠道进入市场，而是直接面对消费者，农民和消费者都能得到实惠。乡村民宿发展必然需要更多的从业者，这就提供了相当数量的就业岗位，让农村一部分剩余劳动力有了工资性收入。可以说，民宿经济发展让农民收入具备更完整、更稳定、更丰厚的多元结构，财产性收入、创业性收入、一产农业收入、工资性收入叠加组合在一起，为农民增收打开了一个无限空间。只有财产性收入和创业性收入成为农民收入的主体，农民才能从根本上真正富裕起来。

民宿经济发展对于农村改变是全面的、深刻的、长远的。随着民宿经济这一现代服务业在农村的蓬勃兴起，各种要素开始流向农村。打工者回来了，年轻大学生回来了，城市创客来了，资本来了，政府的政策、资金、公共产品也更多向农村倾斜。这对改变农村的作用是决定性的。这股力量让寂静凋零的农村再度热闹活跃起来，让农村传统文化在流动升值中得到传承发扬，让农村存在的许多积弊随之消失，它的积极影响将助推农村面貌发生根本变化。

我国民宿一登上旅游产业的舞台，就表现出旺盛的生命力，可以用多种方式对其进行分类。

按发展类别可分为传统民宿和现代民宿。传统民宿多由民间百姓的民居改造而成。这类民宿在外观上基本保留原貌，内部进行适当的改造装修。传统民宿一般具有一定的历史年限，比较多地保存了当时当地的建筑风格和文化遗存，具有一定的历史文化价值和研究价值，是民宿当中的主流。现代民宿以新建为主,一般依照当地的建筑风格辟地新建,也可在当地参照其他地方的名宅、名村搭建,与当地的风格形成反差效应,增强吸引力。

按地理位置可分为乡村民宿和城市民宿。乡村民宿分布在广大农村,具有比较浓厚的"土"味。另一种情况是将民宿建在城市或城郊的,但是风格是按照乡村风格来设计,这种也属于乡村民宿。乡村民宿多依托乡村特色资源,如特色农业、牧业、渔业、林业,辅助民俗文化等文化资源,开发具有浓厚乡土气息的特色民宿。城市民宿一般坐落在城区,多利用城市中已有的古民居、老建筑或其他闲置空间来建设,有专业化运营的城市民宿,也可以是城市居民利用自家空余房以家庭副业的形式对外接待客人。

按照满足游客的需要可分四类:①艺术体验型民宿:由经营者带领游客体验各项艺术品制作活动,包括捏陶、雕刻、绘画、编织、音乐、蜡烛制作等,游客可亲手创造艺术作品,体验乡村或现代的艺术文化。②复古经营型民宿:其住宿环境为古代或现代模仿古时某些规制的建筑风格修建的民居,如仿照清明建筑风格建造的民宿,提供游客深切的怀旧体验。③赏景度假型民宿:以景色为主打,利用自然的景观或是精心规划的人工造景开展特色民宿,如万亩梨花、满山红叶、广阔无垠的草原、庭园景观、花海、高山等。④农村体验型民宿：这类民宿位于传统的农业乡村中，游客既可以欣赏农村景观，体验农家生活，还可以近距离观赏或者亲身体验农业生产活动。

按服务功能可分为单一服务型民宿和综合服务型民宿。单一服务型民宿只提供住宿服务，此类民宿一般紧靠大型景区、旅游综合功能区和热门旅游城市，因为所依托的区域旅游功能比较齐全，游客除住宿以外的服务能够在其他地方方便地获得，民宿提供其他服务从经济上说并不划算。综合服务型民宿是指除住宿外，还能满足其他的服务需要，如餐饮、会议、团建、按摩等。有的民宿因为自身的特色能够吸引游客光顾，除解决吃住需求外，本身还有观光、休闲、养生等功能。

按规模可分为：①居家散落型民宿。这类民宿的主要功能是居家，即房屋主人还住在该处，在满足居家条件的前提下，把多余的房间整理出来接待客人。其特点一是家庭氛围浓郁，游客跟房主家人住在一起，获得的是家庭化的体验；二是接地气，住的是真正的百姓家，能更好地了解当地的民风民俗，了解、融入百姓的生活，使旅游更具体验性；三是服务家庭化，住在百姓家里，其每个家庭成员都有可能是服务员。四是无规则，分散布局，星星点点散落在村庄里、街道上。②单独打造型民宿。一两户人家择合适的地点建造几栋民宅打造成民宿。这类民宿多见于交通要道旁，以提供特色餐饮为主，兼作住宿，往往功能比较齐全，除食宿外，还注意环境和景观的打造。③小簇集群型民宿。把一个村庄、一条街道或者其中的一部分进行整体规划，连片打造成民宿。这类民宿主要依托的是古村古镇、民族特色区域。其特点是有规模，有特色，且管理比较完善。④连片新建型民宿。即完全在一块新的土地上，规划建设成片的民宿。这类民宿有的移植国内外某一名村名镇的风格异地打造，如深圳东部华侨城的茵特拉根小镇。有的是恢复已经消失了的历史名村名镇。有的是根据某一文化主线或某一特色资源打造的特色小镇。

按层级可分为：①一般民宿。这类民宿主要以居家民宿即传统民宿为主，其特点是原始、朴实、真实。原始即原封不动地保留建筑物的原始状态；朴实即对民宿的外观、内饰不做或少做改变，把民居的本来面貌展现给游客；真实即如实地展示建筑风貌、特色，如实地展示原始的生活状态。②精品民宿。精品民宿的特点主要体现在一个"精"字上。与一般民宿不同，它在保留原建筑物外观特色的基础上，对内部装饰会进行较大的调整。一是设计精，按照现代人的生活需求进行设计。二是用材精，在选材用料上讲求高档。三是特色精，体现当地的风俗，有文化底蕴。这种民宿的美感度、舒适度、享受度甚至胜过高星级宾馆。③潮流民宿。根据异国异地、名村名镇建设的、恢复重建的古村古镇和主题主线清晰的民宿归类为潮流民宿。一是它具有文化上的差异性，在此地可以领略体验异地、异国的风情风貌；二是它具有体系上、文化上的完整性，可以完整领略村镇的结构体系、建筑风格和文化风情风貌。这类民宿，往往是年轻人追逐潮流的选择。

"景区主题党建"——让民宿品牌形象树起来

贵州荔波县高桥村紧邻大小七孔景区，具有区位优势，拉片村、懂蒙古寨具备丰富的瑶族民族风情资源，具备发展民宿业的优渥环境。在移民搬迁和古村寨打造上，基层党组织充分发挥先锋引领作用，支部党员带头拆旧搬新，对景区定位、标准进行严格把关，打造出梦柳布依风情小镇、瑶山古寨和懂蒙古寨等新景点，通过发展民宿带动群众脱贫致富。

荔波县瑶山瑶族乡积极探索景区党建新模式，在民宿发展中融入党建元素。创新服务载体，党员在经营的民宿旅客栈内设置"党员服务点"和"党员义务咨询台"，悬挂"党员示范店"的牌子，自觉带头依法经营、诚信经营，让党员亮身份、冲在前、做表率，打造"党建+民宿"旅游新品牌。目前，瑶山瑶族乡范围内的民宿客栈中共设置28处党员服务点，为10家民宿客栈进行"党员示范经营户"进行授牌。

为了在民宿业发展中更好发挥好党组织的战斗堡垒和党员的先锋模范作用，瑶山瑶族乡按照"党建带民宿，民宿促党建"的原则，通过推行"党员创业示范工程"，引导各方力量参与民宿打造。采取"1+N"的结对帮扶模式，由1名党员致富带头人和行业示范户对接帮扶几户普通民宿经营户，依托讲习所、农民夜校等平台，组织党员以及民宿经营者多次召开以旅游和民宿发展为主题的培训研讨会，通过经验分享和培训授课等方式，为民宿经营户做好发展规划、理清发展思路，学好"本领"，走好"路子"，吃上"旅游饭"。

同时，结合村情优势，搭建旅游发展平台，鼓励在外的创业者返乡创业、回乡献智，投身民宿产业发展中，不断壮大产业集群，形成特色品牌，提升民宿品质，吸引游客，增加收益。目前涌现出"懂蒙民宿""见山归舍""布依民俗驿站""陋木舍"等一大批颇具特色和市场竞争力的民宿品牌。

在全乡境内成立了民宿客栈联盟，把党建工作和社会组织优势转化为促进民宿业发展的动力。目前共有全乡共有80家民宿客栈加入瑶山瑶族乡民宿客栈联盟，其中共有28户党员户。由从事民宿客栈行业的党员带头主动创建加入，服从统一管理，所有从事民宿客栈的经营户参与推行明码实价，公示明码实价价目表，有效杜绝骗客宰客，看客要价等价格欺诈现象，充分调动了经营者诚信自律主动性，市场价格行为从"政府管我"向"我管自己"转变。民宿客栈联盟的创建也是进一步规范小镇内住宿行业，实现景区党建管理服务标准化、规范化、智能化、精细化，提升景区整体服务水平，提高游客消费满意度，提高荔波对外宣传美誉度。

（资料来源：荔波资讯）

其实，民宿能够吸引旅客的不单纯是漂亮的院子和客房，还有周边的特色和资源。接下来就和大家探讨如何发现民宿及其周边的特色，让你的民宿能够"靠山吃山，靠水吃水"，让为此远道而来的游客觉得你的民宿很好玩。

一、用民宿开启乡村旅游

一般乡村都具有地域性、多样性和独特性，这对游客有着巨大的吸引力。以东北乡村为例，冬天是银装素裹的雪海，游客来这里可以滑雪、玩雪橇。夏天，这里的气候比城市、比南方要凉爽得多，是避暑度假的好地方。

随着交通越来越便捷，去这些地方旅游度假也变得越来越容易。因此，用就地取材的建筑材料建成的村庄、当地人用传统生活习惯烹制的特色餐饮，都可能成为丰富的乡村旅游资源。因此，发展乡村旅游、休闲度假，潜力巨大。而当地人利用自家的房屋开民宿，不需要大拆大建，是乡村旅游最好的开发方式。

二、当地的自然资源

当地原有的山川、森林、竹海等地形地貌，当地的河流、湖泊等水系，当地的气候及生态，当地的村庄风貌等，用这些自然资源的独特性，吸引游客来亲近自然、享受自然。

三、农作物及农业生产景观

如果当地种植有大片的稻田、麦田、油菜花、茶园等，不需要刻意的"硬件"投资，就能形成田园景观，游客即使是逛过城市的园林和植物园，相信乡村田园也一样会让他充满新鲜感。而且乡村的景观四季不同，城市人可以通过乡村旅游，了解农业，通过参与劳动体验，获得"谁知盘中餐，粒粒皆辛苦"的真知灼见。

四、当地的畜牧业

用发现当地的旅游资源的眼光，看当地的畜牧养殖、水产养殖等，这些动植物景观，虽然没有城市动物园那么丰富的动物种群，但其可以形成层次丰富的景观资源，可以让游客摸得着、能参与，还能够让游客了解到更多新鲜的养殖业的专业知识。以在民宿中增加养鸭的体验活动为例，来游玩的孩子们从一个鸭蛋开始，看到鸭蛋变成一只鸭子的全过程，让孩子们领养雏鸭，给鸭子起名字，平日里拍小视频发给孩子们看,周六、周日孩子们可以过来看鸭子,和鸭子一起玩。

五、当地的乡土文化

一是地方的舞蹈、戏剧、民乐、传说、艺人、少数民族文化、古迹等;二是我国有着悠久的农耕文明,也由此形成了二十四节气,以及很多颇具地方特色的传统节庆,如泼水节、火把节、采摘节、赏花节、垂钓节等;三是传统的习俗,包括婚丧嫁娶、喜宴寿宴等许许多多的民俗风情活动。通过对当地历史文化的挖掘,把乡土气息和乡土韵味作为民宿的特色,让游客参与其中,从而打造民宿的特色与品牌。

六、民间技艺

传统手工艺,如编织、木匠、铁匠、雕刻、剪纸等传统手艺及手工艺品,加入一定的实用性、观赏性的创意,就可以制作出受游客欢迎的旅游纪念品、手信,既是对传统工艺的传承,也可以成为民宿中的特色,吸引游客。

七、当地的特色产业资源

最近几年,许多地方建起了特色小镇,如农业生产型特色小镇、工业生产型产业小镇、文旅小镇、休闲度假小镇等,这些以某一个特色命名的特色小镇显然可以作为民宿经营的特色。在游客选择民宿的时候,这些特色是吸引游客的重要因素之一。

八、当地的稀缺特色

有些地方的特色已经存在于游客的记忆中,比如你问游客东北有哪三宝,游客会脱口而出:人参、貂皮、鹿茸。实际上,东北除了这三宝,还有木耳、大米、蜂蜜等。因此,在寻找这些特色的时候,要从游客的视角出发,首先要想到当地早已被传遍四方的特色,包括土特产、原产地产品等。比如贵州茅台酒,早已是家喻户晓,如果你的民宿开在茅台镇,那你就要好好用上这一特色,它可是能够为民宿带来流量的大 IP。

第五章

党建引领，生态农业塑造美丽乡村

第一节 生态农业的概念和内涵

十三届全国人大一次会议审议通过了《中华人民共和国宪法修正案》。修正案中将宪法序言第七自然段一处表述修改为:"推动物质文明、政治文明、精神文明、社会文明、生态文明协调发展,把我国建设成为富强民主文明和谐美丽的社会主义现代化强国,实现中华民族伟大复兴"。其中"生态文明""美丽"等新表述,不仅对我国生态环境建设具有重大意义,也为普通老百姓守住绿水青山、创造美好生活提供了宪法保障。

生态文明是实现人与自然和谐发展的必然要求,生态文明建设是关系中华民族永续发展的根本大计。生态兴则文明兴,生态衰则文明衰。我国现在既面临着巨大的生态环境压力,又迎来了全面、广泛、深刻的生态文明建设变革，十八大以来，从山水林田湖草的"命运共同体"初具规模，到绿色发展理念融入生产生活，再到经济发展与生态改善实现良性互动，将生态文明建设推向新高度，美丽中国新图景徐徐展开。党的十九大报告中提出了加快生态文明体制改革、建设美丽中国新的目标、任务、举措，进一步昭示了党中央加强生态文明建设的意志和决心。

建设美丽中国，关键在于建设美丽乡村。2018年中央一号文件《中共中央国务院关于实施乡村振兴战略的意见》对实施乡村振兴战略进行了重大部署，要求"把乡村建设成为幸福美丽新家园"。习近平总书记强调指出："中国要强，农业必须强；中国要美，农村必须美；中国要富，农民必须富。"将农村美与农业强、农民富联系起来，充分显示出党中央对建设美丽乡村的坚定信念，对造福全体农民的坚强决心。

推进美丽乡村建设，坚持党建引领是根本保证。紧紧围绕中心工作加强党的建设，是党建工作的一条基本原则。推进美丽乡村建设过程中找准切入点、突破点，加强党建工作与中心工作的深度融合，切实把党的组织优势和资源优势转化为推动乡村发展的合力，以一流党建引领美丽乡村建设。

推进美丽乡村建设，培养党员队伍是关键环节。美丽乡村建设包括环境治理、民生发展等各个方面，需要基层党组织和全体党员干部、广大人民群众共同努力。只有充分发挥党员先锋模范作用，党员影响党员、党员带领群众，充分形成牵引力，才能更好地贯彻落实党中央的各项决策部署。

美丽乡村建设要求乡风文明、村容整洁，百姓生活富裕、乡镇和谐发展。生态农业则是在充分利用本地区生态环境资源、发展区域经济，提高百姓生活水平的同时，培养其环保意识，为美丽乡村建设奠定良好的基础。二者互相促进。

生态农业是按照生态学原理和经济学原理，运用现代科学技术成果和现代管理手段，以及传统农业的有效经验建立起来的，能获得较高的经济效益、生态效益和社会效益的现代化高效农业。它要求把发展粮食与多种经济作物生产，发展大田种植与林、牧、副、渔业，发展大农业与第二、第三产业结合起来，利用传统农业精华和现代科技成果，通过人工设计生态工程、协调发展与环境之间、资源利用与保护之间的矛盾，形成生态上与经济上两个良性循环，经济、生态、社会三大效益的统一。生态农业在农村范围内，利用农业自然环境、田园景观、农业生产、农业经营、农业设施、农耕文化、农家生活等资源，通过科学规划和开发设计，为游客提供观光、休闲、度假、体验、娱乐、健身等多项需求服务。

生态农业具有四大主要特点。

一、综合性

生态农业强调发挥农业生态系统的整体功能，以大农业为出发点，按"整体、协调、循环、再生"的原则，全面规划，调整和优化农业结构，使农、林、牧、副、渔各业和农村第一、第二、第三产业综合发展，并使各业之间互相支持，相得益彰，提高综合生产能力。

二、多样性

生态农业针对我国地域辽阔，各地自然条件、资源基础、经济与社会发展水平差异较大的情况，充分吸收我国传统农业精华，结合现代科学技术，以多种生态模式、生态工程和丰富多彩的技术类型装备农业生产，使各区域都能扬长避短，充分发挥地区优势，各产业都根据社会需要与当地实际协调发展。

三、高效性

生态农业通过物质循环和能量多层次综合利用和系列化深加工，实现经济增值，实行废弃物资源化利用，降低农业成本，提高效益，为农村大量剩余劳动力创造农业内部就业机会，保护农民从事农业的积极性。

四、持续性

发展生态农业能够保护和改善生态环境，防治污染，维护生态平衡，提高农产品的安全性，变农业和农村经济的常规发展为持续发展，把环境建设同经济发展紧密结合起来，在最大限度地满足人们对农产品日益增长的需求的同时，提高生态系统的稳定性和持续性，增强农业发展后劲。

表 5-1 传统农业与生态农业的比较

比较方面	传统农业	生态农业
功能	单一农产品生产	生产、生活、生态保育"三生"一体的生产、服务功能
空间格局	单一的农业、农田景观	构建了"城市—郊区—乡间—田野"的空间休闲系统
产业规模	单一化的农业生产经营	产业多样化,是以多资源综合利用为基础的综合农业
产业类型	第一产业、第二产业	第一产业、第二产业、第三产业
产业布局	品种单一化,种植连作化	立体种植、用养结合,农业生产与休闲体验融为一体
经济效益	整体效益偏低	综合效益高、整体效益大
生态效益	自我更新能力差,农业生态系统脆弱	景观异质性增强,利于景观生态安全格局的形成与优化
社会效益	机械化程度提高,就业机会减少	就业机会增加,可吸纳剩余的农村劳动力

传统的农业生产属于第一产业范畴,农产品加工制造属于第二产业范畴,生态农业则是包括了生产、加工、休闲服务等第一、第二、第三产业相结合的产业,使农业资源开发利用得到了更充分的发挥。农业资源开发,尤其是大都市边缘的农业景观开发更加趋向于多元化,其功能也日趋丰富。

为深入贯彻落实党的十九大和中央、自治区、市农村工作会议精神，全面实施乐业乡村振兴战略，乐业县委大力推行"一村一品""一乡一特""生态富县""旅游兴县"的发展战略，以发展特色水果、有机农牧产品、林木经济为抓手，着力打造"天然""富硒""生态""休闲"农业，助力乐业脱贫攻坚、旅游兴县。

广西百色市乐业县创新党建+生态农业模式

广西百色市乐业县坚持把解决好"三农"问题作为日常工作的重中之重，积极发挥村级党支部攻克"三农"问题的坚强堡垒作用。一方面，在全县88个村（社区）引入专业合作社，以"党支部+合作社+致富能人+农户"的经营模式，创造性地打造出了30000多亩猕猴桃产业园。同时，发展了沙刺梨、核桃、卡伦百香果、花坪珍珠李等当地特色水果产业，该县水果产量连续多年增长。另一方面，县委精心策划，谋篇布局。结合本县地理、土质、水源、气候等因素，分析考证，探索出"一河三带""一稻两叶四林木"的发展模式，即在红水河沿线的雅长、幼平、逻西炎热地区打造晚熟芒果、蔗糖种植、水库生态养鱼三大产业带；另外，在同乐、逻西、幼平打造有机水稻重产区，在新化、甘田打造茶叶、烟叶旺产区，在马庄、逻西、幼平打造板栗、油茶、八角、杉木盛产区。通过科学规划，党建领航，促进了乐业生态农业蓬勃发展，山清水秀。

生态农业+旅游，绿水青山促增收。乐业县委通过大力发展生态农业，注重环境保护，着力建设卫生旅游城市，最终依托现代富硒养生农业获得了世界长寿之乡的美名。一方面，生态农业打造了乐业最美名片——地标性水果乐业猕猴桃。通过线上线下、实体销售与网商推广，原本默默无闻的乐业因猕猴桃的独特甜美而逐渐声名远扬，慢慢地吸引了一批又一批忠实的"吃友"。此外，生态农业孕育了天然的产品，不含农药、化肥、激素、添加剂，山茶油成了"长寿黄金油"、特产水果成了"长生不老药"、放养山猪与野生鱼成了"美味活人参"……众多特产带动了旅游业的蓬勃发展。另一方面，树茂而鸟集，景秀则客多。正因生态农业的蓬勃发展，乐业的山变绿了、水更清了，还有田园和诗一般的果林、河流、险山、峻谷……游客带着家人来休闲度假，可体验地道的美食瓜果，又可流连于壮观的生态产业园，更能忘返于山河美色进而沉醉于"天然氧吧"。

（资料来源：乐业党政网）

第二节 生态农业的分类

一、按照用地规模分类

按生态农业园区规划建设的范围和用地规模的大小划分为四类：

（1）小型园区：其用地范围在5万平方米以下。

（2）中型园区：其用地范围在5万~100万平方米。

（3）大型园区：共用地范围在100万~200万平方米。

（4）特大型园区：其用地范围在200万平方米以上。

二、按照区域位置分类

按生态农业园区规划建设的区域位置划分为三类：

（1）城市依托型（大城市周边）：位于大中城市郊区，以大城市为依托，具有宁静、优美的乡村景观。由于靠近城市，拥有一定量的门槛客源，客源市场丰富。如北京丰台区绿野田园休闲农场。

（2）景区依托型：一般毗邻景区，以景区丰富旅游资源为依托，客源市场主要是景区游客量的一部分，如北京昌平十三陵景区附近的休闲采摘园。有的该类型园区与景区在吸引游客上产生互补，互相提供客源，协同发展。

（3）景区型：一般规模面积较大，农业资源丰富且集中分布，赏果赏花的吸引力都比较大，可以成为功能多样、旅游项目多样、景观优美、设施齐全、管理规范的景区。如北京平谷大华山的万亩桃园。

在多数情况下，生态农业园区是城市依托型和景区依托型的叠合，这种休闲农业园区具有较大的旅游客源市场。景区型生态农业园区虽孤立存在，但往往也依托城市和大型旅游景区景点。

三、按照经营主体分类

按生态农业园区的经营主体划分为四类：

（1）政府主导型：以各级政府相关部门为主体承建的园区，这类园区一般在原有国有农场、林场、果园的基础上进行承建。如辽宁省大连金科生态园艺场。

（2）集体经营型：以乡、镇、村为主体承建的园区，有利于农业的规模化生产和农民收入的增加，应该成为以后引导与扶持的重点。如河北省秦皇岛集发农业生态观光园。

（3）企业公司型：以企业为主体承建的园区，园区建设机制灵活，能够以市场需求为导向，市场适应能力强。如辽宁省本溪市绿色生态园。

（4）个体经营型：以农民个体经营为主体，一般经营规模很小，多以果品采摘户为主，有利于直接富民，应成为将来引导与扶持的重点。

第三节 生态农业的发展模式

一、"农业生态示范村+游园业"的产业发展模式

随着国家、市场对农业旅游及生态农业的热捧,两者结合的产业模式得到多地的推崇。生态农业示范与农业旅游相结合,是以农村为载体,以农村集体为组织,以农村生态为优势,立足农业,发展旅游业。这一模式的发展,不仅提高了农村经济水平,改善了农民生活环境,促进了农业发展,而且也实现了农业、生态、旅游三者的循环发展,带来了极大的综合效益。

1. 农业生态示范村

生态示范村是以生态经济学原理为指导,以协调经济、社会、环境建设为主要对象,在区域范围内,以生态

良性循环为基础，实现经济社会全面健康的持续发展。生态示范村是一个相对独立的，又对外开放的社会、经济、自然的复合生态系统，它注重的是系统内部各子系统以及系统内外的协调发展。生态农业是生态示范区的重要内容，而农村就是生态农业示范区的重要形式。生态农业示范村是以发展大农业为出发点，按照整体协调的原则，实行农、林、牧、副、渔统筹规划，协调发展，并使各业互相支持，相得益彰，不仅实现了农业持续、快速、健康地发展，而且也保护了农村生态环境，达到了环境效益、经济效益、社会效益相统一。

农业生态游园示范村就是农业旅游在生态农业示范村的运用，也是生态农业示范在产业上的深度挖掘（图5-1）。

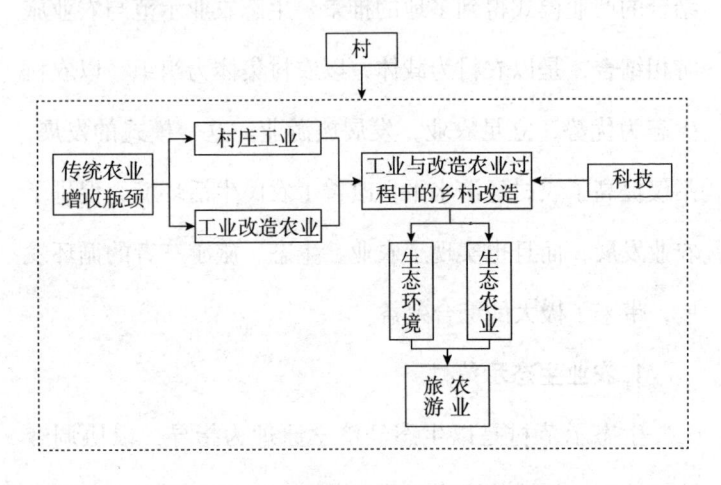

图 5-1　生态农业游园示范村发展模式

2. 模式的具体内容

通过对农业生态游园示范村发展情况的分析，可以发现尽管各个地方由于自然条件或生产目的不同，具体地方的农业发展具体形式有些许不同，但总体上还是形成了一个共同模式，该模式的内容见图 5-2。

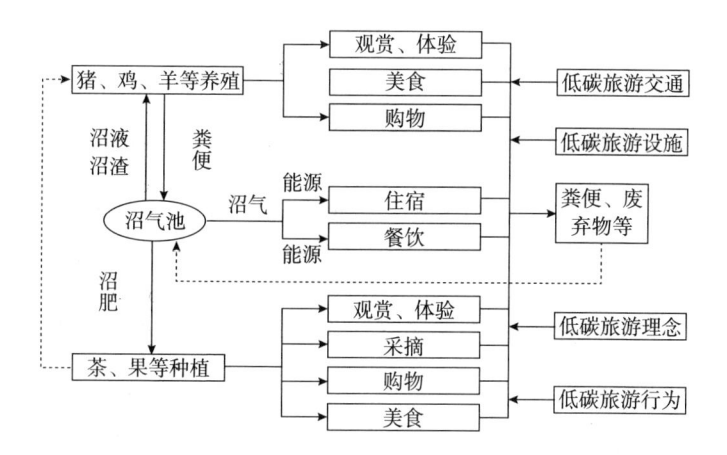

图 5-2 生态农业游园示范村的主要内容

3. 模式的主要功能

经济功能：

农业、工业与旅游业的同步发展，是转移农民就业、促进农民增收的重要途径，不仅解决了农村剩余劳动力问题，而且从第一产业转移到第三产业，是调整和优化农村产业结构的重要方式，有利于加快现代农业和现代服务业的形成和发展,提高农村的经济水平,改善农民生活状态。

教育功能:

农业生态游园示范村是集知识性、趣味性、科学性于一体的农业科普园地。借助旅游的途径,让游客了解和学习农业知识,参与基本农业生产活动,实现了农业科普和农业教育的功能。

文化功能:

一方面,通过游客的参观与体验,农村丰富的农耕文化、民俗文化、乡村文化、农业产业文化以及当地的历史发展文化等得到传播和发扬;另一方面,旅游开发使得农村传统文化得到挖掘和保留,极大地保护和促进了农村文化的发展。

环保功能:

生态农业与农业旅游发展的前提就是良好的生态环境,也是两者发展最基本的要求。通过科学技术在工业、农业以及农村环境改造方面的运用,农村自然景观和生态环境得到了提升,而且有利于当地生态系统良性循环,实现了环保功能。

游憩功能:

农业生态游园示范村为游客提供观光、体验、休闲、娱乐、度假、购物等各种活动的服务和场所，为亲子、学生、城市居民等提供旅游场所，有利于缓解紧张工作和学习的压力，有利于放松身心、陶冶性情，有利于体验与互动，有利于参观与学习。而且农业生态示范村大多具有优美的自然环境、宁静的空间、新鲜的空气，有利于调节人的身心，起到养生保健作用。

4. 模式的实施要点

（1）循环经济技术与村民的生产、生活要相结合

要以生态农业为载体，应用循环经济技术于生产、生活中。最常见的模式是形成以沼气技术利用为核心的循环经济系统。通过生态种植和养殖，构建以沼气系统为核心的循环模式。一般可以在两个领域充分发挥循环作用。

能源系统：生物质原料—沼气—沼气灯（沼气发电）—动力系统。

能源系统中沼气技术是生物质能利用技术中应用最为广泛、技术最成熟的一种。沼气池的大小可以根据旅游区的原料量来确定。通常情况下，一个 8 立方米容量的沼气池在原料充足的情况下，可以提供 10 人以上的生活燃气。另外，沼气也可通过管道通入建筑物内，用作烹饪、照明、取暖等作用。如原料充分，沼气还可以用以发电，作为旅

游区内用电设施的动力来源。旅游开发中沼气池的采用应将沼气池布置在景区生活区附近，可以减少管道铺设的工程费用。

种植、养殖系统：种植生物质原料—养殖粪便—沼气种植。

种植、养殖系统依托乡村优良的生态环境、村民宅前屋后种植的果树及其他各种类型的植物；村民自家养殖的牛、鸡、羊等家禽、家畜品质极高，利用以沼气为核心的循环经济技术发展种植、养殖是乡村经济社会发展的重要措施。沼气的原料来源广泛，居民养殖的家禽、家畜粪便，景区接待过程中的一些废弃物、垃圾、粪便，种植作物的秸秆等均可作为沼气的原料。产生的沼渣、沼液可以肥田，改善土壤结构，提高肥力，更加利于种植业的发展。

（2）要加大对游客行为的引导和宣传

在旅游开发过程中，在其他能源的利用、基础设施和服务设施建设、对游客行为的引导和宣传方面也同样可以体现循环经济理念，倡导低碳旅游理念和模式。乡村可以每家每户居民都采用太阳能技术。在村内交通建设方面，旅游开发中应在村口建设换乘中心，进入景区乘坐景区内部电瓶车，既是低碳旅游理念的体现，也可以增强游客的体验，还可以带来更多的经济效益。同时在游客进入景区后，应加强对游客低碳消费理念和行为的引导和宣传，通过各种方式和途径来减少旅游者的个人旅游碳足迹。倡导低碳旅游交通方式，引导游客尽量采用自行车、步行等无碳交通方式；倡导低碳旅游住宿餐饮方式，如在进行餐饮食物的选择时，应优先考虑各种绿色食品、生态食品，不使用一次性餐饮工具；引导旅游者优先选择低碳旅游活动，如体育运动、康体低碳旅游体验活动。

二、多功能联动的生态循环农业科技园发展模式

在发达国家，农业科技园区已经具有相当规模，并且走上了规范化发展的轨道。由于城市建设导致耕地不断减少，农业的发展以追求高科技和高产量为主，从20世纪80年代起，新加坡政府开始重点建设现代的农业科技园，不仅承担了城市公园的作用，而且也实现了农业高产等目标。我国在农业科技旅游的发展上也取得了不少的成绩，建造了多种不同体验的农业科技园区。

1. 生态循环农业科技园区

生态循环经济园区是以现代科技为基础，以农业产业

化为依托,以规模经营为条件,依据循环经济理念和工业生态学原理,模拟自然系统把包括工业、农业、畜牧业在内不同的生产者(企业)连接起来形成"生产者—消费者—分解者"的互利共生网络,通过资源共享和副产品互换,实现不同产业间物质和能量的逐级传递,不仅极大地提高了资源的使用效率,而且可以减少整个体系向系统外的废物排放量。生态循环农业科技园区是以生态循环为理念,以生态农业为依托,以生态科技为手段,以生态旅游为动力,以生态保护与经济发展的双赢为目的,构建的一个生态结构比较完善的复合生态系统和综合性农业产业化基地(图 5-3)。

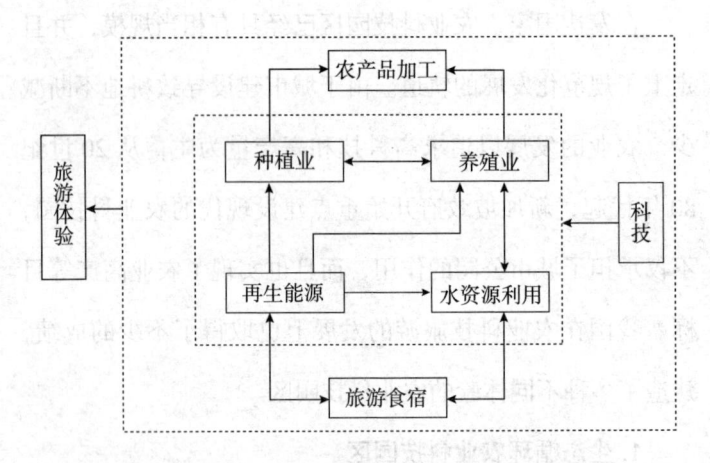

图 5-3 多功能联动的生态循环农业科技园

2. 模式的主要内容

通过对生态循环农业科技园区情况的分析，可以发现尽管各个地方由于自然条件或生产目的的不同，发展的具体形式有些许不同，但总体上还是形成了一个共同模式，该模式的内容如图 5-4 所示。

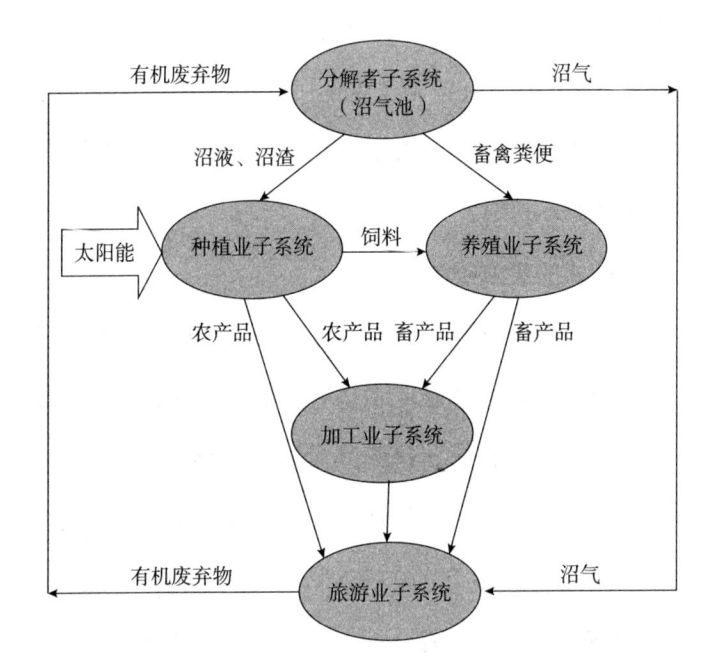

图 5-4 "农业—加工业—旅游业"产业联动模式

农业科技园区实现了两个系统的生态循环多功能联动。首先是农业、科技与旅游大系统的复合型循环互动。该模式的实质就是以科技发展农业，以农业带动旅游，以旅游创建品牌，以品牌致富农民，利用循环经济理论，实现农业由单向式资源利用向循环梯级利用转变，通过科技运用和旅游开发，拓展和延伸农业产业链条，推进农业生产清洁化、农村废弃物资源化，不仅实现了生态保护与农村发展的"双赢"，还带动了农村经济持续发展。其次是生态农业子系统的循环，多功能联动的生态循环模式既是农业发展新的理念和策略，更是一种可持续发展的增长方式。通过科技的助推，实现了农业生态子系统中物质和能源的良性循环利用。

3. 模式的实施要点

（1）构建以"循环—旅游"为核心的五位一体发展要素

传统的生态循环农业是以种植、养殖和沼气为核心的"三位一体"模式。该模式具有良性循环生态链，但在发展旅游业以后，"旅游"应该在发展中占有核心的地位。因此传统的"三位一体"模式必须向"养殖—沼气—种植—加工—旅游"五位一体的现代生态农业发展模式转变（图5-5），推行"人畜分离，规模养殖，集中供气，统一管理"的沼气建设理念和模式，以适应旅游业的发展。

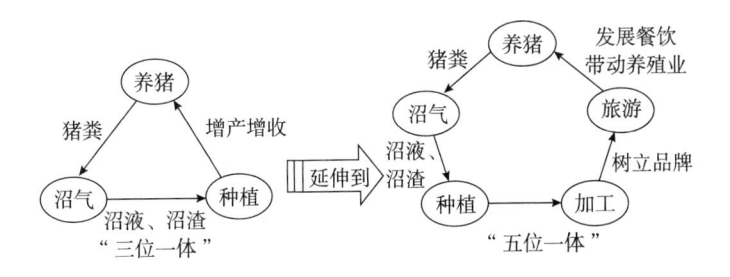

图5-5 "三位一体"到"五位一体"的产业延伸

（2）旅游消费

产业链通过果园种植，生产的水果产品可以通过3条渠道形成乡村旅游消费：①通过环保型简单包装后直接进行绿色消费，然后将消费后的废弃物进行资源化利用；②将水果加工成旅游商品，让游客参与加工制作过程，作为乡村旅游的项目进行开发，生产出的成品作为绿色产品销售给旅游者；③将果园观光、摘果作为旅游资源来吸引旅游者，发展绿色旅游，让旅游者体会劳作的乐趣，给他们带来精神上的享受。

（3）资源循环利用

将种植业产品进行深加工的废渣等进行循环利用，将其生产成饲料，发展养殖业，为乡村旅游提供绿色食品。养殖业产生的排泄物作为沼气的原料，生产的沼气用于乡村旅游接待中的燃料和照明，沼气的废渣同样可以作为土壤肥料返回到作物的种植过程中，形成资源的循环利用。生态果园又可以起到美化环境、净化空气的作用，实现了环境保护和节约资源的双重目的，以下以种植柿子为例展示生态循环农业科技园的资源综合利用情况（图5-6）。

（4）配套措施

第一，要严格限制使用煤炭等非清洁能源，全部使用电、沼气等清洁能源，应进一步推广"五位一体"的生态农业模式，加大发展养殖业，扩大沼气池的数量，争取做到能源全部自给。

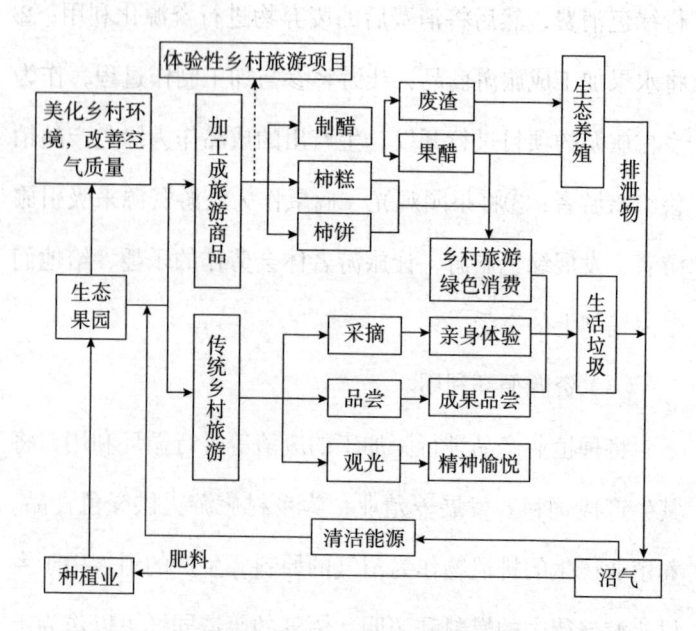

图5-6 生态循环农业科技园的资源综合利用

第二，为进一步改善空气质量，应控制外来车辆进入景区，实施停车的规范化、生态化，利用森林树木来吸收汽车尾气，减少尾气的扩散，从而达到净化空气、改善空气质量的目的。

第三，推广实行可回收垃圾的分离系统和生物垃圾桶，合理配置垃圾箱的位置和数量，对垃圾进行分类，能利用的尽量回收，不能回收利用的则采用填埋的方式处置，对于生物垃圾则集中进行堆肥处理。

第四，严格控制建筑密度及高度，使开发项目的体量、风格、造型等和周围的景观相协调，对周围的环境不产生干扰和破坏。

第五，深入挖掘本土文化，赋予循环经济型乡村旅游以文化内涵，提高旅游产品的吸引力，增加旅游接待人数，延长游客停留时间，产生循环经济规模效益。

三、生态循环农业教育基地发展模式

1. 什么是生态循环农业教育基地

生态循环农业科普教育基地是生态农业的一种，是现代农业的重要形式，是科普教育的重要途径。科普教育是通过参观、访问、体验等形式，了解科技知识，掌握科学技术，树立科技思想的一种教育活动。生态循环农业科普教育基地集聚了生态游园、现代农业和科普教育等共同特征。

生态循环农业科普教育基地是在可持续发展观指导下，以农村自然环境、农业资源、田园景观、农业生产内容和乡土文化为基础，通过整体规划布局和工艺设计，加上一系列配套服务，为人们提供集观光、旅游、休养、增长知识、了解体验乡村民俗生活，再结合季节性的果、菜、花实地自采现尝，趣味郊游活动以及参与传统项目、观赏特色动植物和自娱等为一体的一种旅游活动形式。

生态农业的教育基地把农业、教育和旅游业结合起来，其实质是利用农村的农业资源和人文资源，以整个农村景观、农事活动和农业生态系统来吸引游客，使农业由提供农产品的第一产业导向提供旅游、加工、服务等的第三产业。它既可发挥农业生产、资源利用、生态环境教育及乡村游乐的功效，又可起到提高农民经济收入和文化水平的作用，并可带动农村其他产业的发展。

2. 模式的主要特征

生态循环农业科普教育基地是一种新的社会现象，是生态旅游、现代农业和科普教育的集合体。具有以下特征。

（1）文化景观和自然景观的统一性

生态循环农业科普教育旅游资源是发展生态循环农业科普教育基地的基础。要达到人和自然的和谐统一的生态美，就要求在人类活动参与下而形成的文化景观和自然景观具有高度的统一性。人们通过这种整体一致性得到领悟和升华。

（2）生态循环农业科普教育基地的协同性

生态循环农业科普教育基地是生态游园业、现代农业和科普教育协同发展的产物。现代农业为生态游园提供旅游产品，而生态游园也为现代农业提供了更大的发展空间，生态游园和现代农业丰富了科普教育的内涵。在生态循环农业科普教育基地中，生态游园、现代农业和科普教育是共生关系，它们之间相互联系、相互制约、协同发展。在发展生态循环农业科普教育基地中，实现经济效益、生态效益和社会效益的多丰收。

（3）生态循环农业科普教育基地资源的地域性

生态循环农业科普教育基地具有地域性。生态循环农业科普教育基地资源的特性同时受到生态环境条件和历史环境条件的约束，形成了生态循环农业科普教育基地资源强烈的地方性和多样性。因此,各区域在发展生态循环农业科普教育基地时要因地制宜,发挥好自身的特色资源优势。

(4)生态循环农业科普教育基地的动态性

这里的动态性是农业旅游不同于自然景观和历史古迹的不可移动和不可更动的性质,而生态循环农业科普教育基地资源具有一定的可塑性。农业生产在不违背客观规律的前提下,可根据一定的目的对生产要素(如农业特种和关键技术等)进行优化选择、组装配套与集成,从而形成农业生态系统模式。

(5)生态循环农业科普教育基地的体验性

生态循环农业科普教育基地的参观是真正的回归自然之旅,旅游者投入大自然的怀抱中,达到增进健康、陶冶性情并接受环境教育的目的。人与自然由对立走向亲和。旅游者、旅游地居民、旅游经营者和政府广泛参与,特别是旅游者由匆匆过客转为旅游地生态系统的一员。旅游者的旅游活动与旅游地生态环境之间的互动过程,以及良好的生态景观满足了旅客的审美需求。而具有较高素质的游客,自觉地维护景观的生态平衡,并以支付旅行费用的方式,直接或间接地支持了旅游地的保护与发展。

（6）生态循环农业科普教育基地的战略性

生态游园已逐渐成为旅游发展的主流，并且发展速度越来越快，这是旅游产业发展的战略性增长点。农业是立国之本，是我国基础性产业，发展现代农业已成为我国破解"三农"难题、推动科学发展、促进社会和谐的战略举措。在科技飞速发展、知识经济初见端倪的时代下，实施"科教兴国"和"人才强国"战略，积极推进素质教育，加强科普教育工作，是积极迎接当今时代机遇和挑战的重要战略举措。

第四节　生态农业的主要产品

一、绿色食品开发与生产

1. 绿色食品生产概述

绿色食品是指产自优良环境，按照规定的技术规范生产，实行全程质量控制，产品安全、优质，并使用专用标志的食用农产品及加工品。

绿色食品应当符合《中华人民共和国食品安全法》和《中华人民共和国农产品质量安全法》等法律法规规定，还应具备下列条件：

标准一：产品或产品原料地必须符合绿色食品生态环境质量标准。

标准二：农作物种植、畜禽饲养、水产养殖及食品加工必须符合绿色食品生产操作规程。

标准三：产品必须符合绿色食品和卫生标准。

标准四：产品外包装必须符合国家食品标签通用标准。

标准五：符合绿色食品特定的包装、装潢和标签规定。

"绿色生态指数"与"绿色环境指数"系列可以用来进行衡量与评价绿色食品的"绿色"程度。绿色生态指数表示某一绿色食品的综合质量状况；而绿色环境指数表示原料生产地环境质量达标程度，包括水环境、大气、土壤环境指数等。

绿色食品是指经中国绿色食品发展中心认定，许可使用绿色食品标志的无污染、安全、优质的营养食品。根据中国绿色食品发展中心规定，绿色食品分为二级：即 AA 级和 A 级。

AA 级产品是指在生态环境质量符合规定标准的产地，生产过程中不使用任何有害化学合成物质，按特定的生产操作规定生产、加工，产品质量及包装经检验、检查符合特定标准，并经专门机构认定，许可使用 AA 级绿色食品标志的产品。

A 级产品是指在生态环境质量符合规定标准的产地，

生产过程中允许限量使用限定的化学合成物质，并按特定的生产操作规定生产、加工，产品质量及包装经检验、检查符合特定标准，并经专门机构认定，许可使用 A 级绿色食品标志的产品。

1990 年，原农业部绿色食品发展中心正式提出并取得了"绿色食品"的标志。我国政府十分重视绿色食品的开发，为了进一步开发"绿色食品"，原农业部成立了"绿色食品发展中心"，颁布了《绿色食品标志通告》。全国已有 30 个省、自治区、直辖市建立了绿色食品办公室，并建立了相应的基地，在全国多个地方设立了绿色食品监测中心和环境监测中心。绿色食品行业获证产品数量呈现较快增长趋势，2018 年获证产品数量爆发式增长，达到了 13316 个，2019 年获证产品为 14699 个，同比增长 10.4%，产地环境监测面积达 20848.2 万亩。

2. 绿色食品生产基地要求

绿色食品生产应选择生态环境良好、无污染的地区，远离工矿区和公路铁路干线，避开污染源。应在绿色食品和常规生产区域之间设置有效的缓冲带或物理屏障，以防止绿色食品生产基地受到污染。建立生物栖息地，保护基因多样性、物种多样性和生态系统多样性，以维持生态平衡。绿色食品产地环境质量要符合 NY/T 391—2013 的要求。

我国的绿色食品标准是由中国绿色食品中心组织指定的统一标准,其标准分为 A 级和 AA 级。A 级绿色食品产地环境质量要求评价项目的综合污染指数不超过 1,在生产加工过程中,允许限量、限品种、限时间地使用安全的人工合成农药、兽药、鱼药、肥料、饲料及食品添加剂。AA 级绿色食品产地环境质量要求评价项目的单项污染指数不得超过 1,生产过程中不得使用任何人工合成的化学物质,且产品需要 3 年的过渡期。

绿色食品基地应当定期监测本地及周围环境中土壤、水源及空气状况,以保证其始终处于符合国家质量标准的范围内。如发现问题,应及时找出污染源并加以解决,以免最终影响产品的质量。同时,应截断产地外的污染源,如对外来的有机肥、饲料等进行监测。

3. 绿色食品的生产技术

绿色食品生产就是遵循绿色食品生产标准,本着低投入、高产出的原则,从农田生态系统的总体出发,在合理选择生产基地和加强植物检疫的基础上,协调运用农业、生物、物理、化学等综合技术措施,创造有利于作物生产的良好生态环境，生产安全和营养双重质量都达到绿色食品标准要求的高产、优质、无害的农产品。

（1）外源物质处理

严禁或限制使用对生物或环境有不利影响的化学物质，如各种植物制剂、微生物活化剂、细菌接种和菌根等来处理种子。

（2）土壤改良与施肥

①土壤改良技术

调控土壤的物质构成。可以通过翻耕加深耕作层，增施有机质改良土壤质地，从而达到维持和提高土壤肥力的要求。

调控土壤生态系统中的物质平衡。为了维持并不断提高土壤肥力，首先就要调节土壤中那些容易被消耗而又是绿色食品生产过程所大量需要的元素，如氮、磷、钾等。对上述物质的合理投入有利于合理地稳步提高土壤肥力，满足绿色食品生产的需要。

②土壤培肥

土壤有机质的来源主要是家畜粪肥、绿肥、豆科作物与沤制堆肥等。在绿色食品生产中，允许使用的肥料也是指这几种农家肥。

农家肥料：

堆肥。以各类家畜禽粪便、秸秆、青草等为原料，与土混合堆积而成的一种有机肥料。

沤肥。利用物料基本与堆肥相似，只是在淹水条件下（嫌气性）进行发酵而成。

厩肥。指牛、马、羊、鸡、鸭、兔等畜禽的粪尿与秸秆垫料堆制而成的肥料。

绿肥。利用栽培或野生的绿色豆科作物或其他植物体作为肥料。豆科作物和绿肥的固氮能力很强，667平方米地的紫云英、苕子可产鲜草1500~2000千克，可固氮7.5~12.5千克，对培肥土壤有较好的效用。豆科绿肥如紫云英、苕子、苜蓿、柽麻、田菁、绿豆、蚕豆、大豆、草木樨等，非豆科绿肥如黑麦草、苏丹草、水葫芦、水花生、浮萍等都是优质的绿肥作物。

饼肥。菜籽饼、棉籽饼、豆饼、芝麻饼、花生饼等。

塘泥肥。未污染鱼塘、水流中的河泥、塘泥、湖泥都可以作为绿色食品生态建设中的营养元素来源。

作物秸秆。作物秸秆是重要的有机肥源之一。它含有相当数量的为作物所必需的营养元素，这些元素在适宜的条件下通过土壤微生物的作用，经过矿化再回到土壤中，为作物吸收利用。

商品肥料：

通常是指无机（矿质）肥料，其最大特点是养分含量高，呈无机盐形式，易溶于水体中。商品肥料主要有：

氮肥（尿素、碳酸氢铵、硫酸铵）。

磷肥（钙镁磷肥、脱氟磷肥）。

钾肥、矿物钾肥和硫酸钾。

粉状硫肥，限在酸性土地上使用。

微量元素肥料，如铜、铁、镁、锌、硼等微量元素及有益元素为主配制的肥料。

在商品肥料中，也有一些与微生物制剂拌在一起的肥料，它们通常无毒无害，不污染环境，通过特定微生物生命活动来改善植物的营养或产生植物生长激素，促进植物生长，在绿色食品生态工程建设中，通常有以下几种微生物肥料可以使用。

根瘤菌肥。一种能促进根瘤在豆科作物上形成的菌肥，可以固定空气中的氮素，改善豆科植物的氮素营养。

固氮菌肥。又分成自生固氮与联合固氮两种，能在土壤中和许多作物根际固定空气中的氮素，为作物提供氮素营养，又能分泌激素刺激作物生长。

复合微生物肥料。含有两种或两种以上有益的微生物，它们之间互不拮抗，并能提高作物一种或几种营养元素的供应水平并含有生理活性物质。

绿色食品生产用肥必须符合国家《生产绿色食品的肥料使用原则》。其肥料的选定要本着以下几条原则：

持续发展原则。绿色食品生产中所使用的肥料应对环境无不良影响，有利于保护生态环境，保持或提高土壤肥力及土壤生物活性。

安全优质原则。绿色食品生产中应使用安全、优质的肥料产品，生产安全、优质的绿色食品。肥料的使用应对作物（营养、味道、品质和植物抗性）不产生不良后果。

化肥减控原则。在保障植物营养有效供给的基础上减少化肥用量，兼顾元素之间的比例平衡，无机氮素用量不得高于当季作物需求量的一半。

有机为主原则。绿色食品生产过程中肥料种类的选取应以农家肥料、有机肥料、微生物肥料为主，化学肥料为辅。

生产绿色食品允许使用的肥料有五大类，根据 A 级、AA 级两类不同的绿色食品，分别规定使用相应的肥料。绿色食品生产中一律不得使用的肥料种类有：

添加有稀土元素的肥料。

成分不明确的、含有安全隐患成分的肥料。

未经发酵腐熟的人畜粪尿。

生活垃圾、污泥和含有害物质（如毒气、病原微生物、重金属等）的工业垃圾。

转基因品种（产品）及其副产品为原料生产的肥料。

国家法律法规规定不得使用的肥料。

生产 AA 级绿色食品，除可使用农家肥、有机肥、微生物肥外，禁止使用化学合成肥料。生产 A 级绿色食品（果品）除可使用 AA 级绿色食品生产用肥料外，还允许使用有机—无机复混肥料、无机肥料和土壤调理剂。而对于各种肥料的使用也规定了具体的标准。

通常在对绿色食品肥料的应用时应注意并遵循以下几个问题：

选用绿色食品生产中标准所规定允许使用的肥料种类，禁止使用其他化学合成肥料。

禁止使用有害的城市垃圾和污泥，工业垃圾一律不准收集并施用到生产绿色食品的农田中。

秸秆还田可以采取，堆沤还田（堆肥、沤肥、沼气肥）、过腹还田（牛、马等牲畜粪尿）、直接翻压还田、覆盖还田等多种形式，针对当地的实际情况而加以灵活采用。采用直接还田的秸秆要注意，需初步切碎为宜，并注意盖土要严，并需加入一定量的含氮人粪尿或氮源调节碳氮比，以利于秸秆的迅速分解。

腐熟的达到无害化要求的沼气肥水、腐熟的人畜粪尿可做追肥，严禁在蔬菜等作物上浇不腐熟的人粪尿。饼肥对水果、蔬菜等品质有较好的作用，因此可以有针对性地施用。

微生物肥料可以用于拌种，也可以作基肥或追肥使用，使用时应严格按照说明书的要求操作。

叶面喷施矿物质肥料，应在作物收获20天前喷施，可以喷一次或多次。

化肥必须与有机肥配合施用。特别是在有机质缺乏及土壤肥力不高的地区，有机氮与无机氮之比应以1∶1为宜，大约厩肥1000千克加尿素20千克（厩肥作基肥，尿素作基肥和追肥用）。化肥也可与有机肥、微生物肥配合使用，如厩肥1000千克加尿素10千克或磷酸氢铵20千克、微生物肥料60千克。但注意最后一次追肥必须在收获前30天进行。

其他要求与规定：

生产绿色食品的农家肥料无论采用何种原料（包括人畜禽粪尿、秸秆、杂草、泥炭等）制作堆肥都必须高温发酵，以杀灭各种寄生虫卵和病原菌、杂草种子，去除有害有机酸和有害气体，使之达到无害化标准，且农家肥应就地生产就地使用。商品肥料的新型肥料必须是通过国家技术质量监督部门及有关单位的登记认证许可生产的产品，才能在绿色食品生产中加以使用。

因施肥造成土壤、水污染或影响农作物生长、农产品达不到卫生标准时，要停止施用这些肥料，并向中国绿色食品发展中心及各有关省市的绿色食品办公室报告。

4.绿色食品生产中的农药应用技术

绿色食品在农药的选择与使用上，必须坚持"选择性"的原则，合理选用对生态环境不良影响最小的农药或减少用药，选择合理的农药剂型、施药时间与方法，尽可能减少对天敌及环境的危害效应。

食品中的农药残留量是界定绿色食品的量化指标。在绿色食品生产过程中，首先要选用抗病虫良种、清洁果园等一系列防治病虫害措施，创造不利于病、虫滋生，而有利于各类天敌繁衍的环境。

5. 绿色食品生产中有害生物防治原则

绿色食品生产中有害生物的防治应遵循以下原则。

（1）以保持和优化农业生态系统为基础：建立有利于各类天敌繁衍和不利于病虫草害滋生的环境条件，提高生物多样性，维持农业生态系统的平衡；

（2）优先采用农业措施：如抗病虫品种、种子种苗检疫、培育壮苗、加强栽培管理、中耕除草、耕翻晒垡、清洁田园、轮作倒茬、间作套种等；

（3）尽量利用物理和生物措施：如用灯光、色彩诱杀害虫，机械捕捉害虫，释放害虫天敌，机械或人工除草等；

（4）必要时合理使用低风险农药：如没有足够有效的农业、物理和生物措施，在确保人员、产品和环境安全的前提下按照有关规定，配合使用低风险的农药。

6. 农业综合技术措施

绿色食品生产中，为了达到尽量不用或少用化学农药的目的，还可利用各种农业综合措施来创造作物最适生长环境，实施科学、系统和规范化的栽培管理措施对病虫害进行综合防治。这些农业措施包括如下方法。

（1）选用抗病虫品种和无病毒种苗。绿色食品生产栽培的种子和种苗必须是无毒、来自绿色食品生产系统。这些品种应当适合当地土壤及气候条件，对病虫害有较强的抵抗力。

（2）采用合理的土壤管理措施，改进农作物的生态环境。如果园生草、覆盖、果园间作绿肥等管理措施，在果园周围应减少与果树有共同病虫害的绿化树种，如苹果园、梨园周围最好不种杨树、洋槐树等。改良土壤，重视有机肥施用。施肥中注重氮、磷、钾及其他微量元素的平衡。

（3）合理的花果管理措施。实施疏花疏果、果实套袋、适时采果、控制采后处理及流通环节的病虫污染，尽量不用或少用防腐剂或杀菌剂。

（4）采用合理的树形和栽培方式。树冠通风透光良好，可有效抑制多种病虫害的发生。提倡在农业系统内实行轮作、间作、套种和立体种植。合理间作应根据栽培果树的物候期和生物驱避作用，选用不影响果树作业的植物，甚至可将病虫诱集在间作物上。果园种植牧草或蜜源植物，可改善天敌的生存环境，增加食料来源，提高天敌的种群密度，达到以益控害的目的。

（5）优化病虫防治技术。综合运用各种防治措施，创造不利于病虫害滋生和有利于各种天敌繁衍的环境条件；

积极开展人工防治措施，如在冬季结合修剪，剪除病虫枝，刮除老翘皮，铲除病虫越冬场所，及时清洁果园，将枯枝落叶深埋或集中烧毁；生物防治技术是利用有害生物的天敌对有害生物进行调节、控制，主要是以虫治虫（通过保护和利用本地自然天敌昆虫，人工繁殖和释放天敌昆虫以及引进外来的天敌），微生物治虫（能够引起昆虫疾病的微生物有真菌、细菌、病毒三大类）。

（6）科学修剪和间伐，培育高产稳产结果树冠。科学合理地修形剪枝，才能培养结构分明、枝形紧凑、内空外密的开张形高产稳产树冠，并增加果园的通风透光，形成不利于病虫害发生的小气候，为绿色食品（水果）生产不用或少用农药打下基础。在采果前适量施用有机肥，采果后10天左右把全部的阴枝、重叠枝、交叉枝、病虫枝剪除，并在秋梢萌发初期做好整芽留枝工作（一般只留两条分枝，使果树养分集中，培养粗壮新梢，为培育健壮结果母枝打下基础）。修剪时注意"因树制宜"，根据树势强弱程度的不同，确定回缩修剪的轻重，以促发健壮枝梢，利于丰产稳产。另外，对种植密度过大的群体，要进行间伐。

（7）采用地面覆盖制。比如采取早期覆膜，可减少病虫上树后期覆盖，集中诱集害虫，集中消灭。又如生草覆盖果园，有助于增加表层土壤的有机质含量和全氮、矿物质含量，利于生态果园微循环与养分平衡。

（8）加强肥水管理。针对农作物的生长发育，科学施肥、合理灌水，减少生理病害发生，提高作物的抗病虫能力。在施用有机肥（如高温堆肥）和生物菌肥的基础上，辅助少量磷、钾肥作追肥，尽量避免施用氮肥的土壤培肥制度。

（9）对蔬菜实行轮作换茬。轮作换茬能够使不同的蔬菜作物均衡地吸收土壤养分，不断提高土壤肥力，实现持续增产，还能减少病虫害的发生，减轻杂草的为害。因此，绿色食品蔬菜生产必须做到轮作换茬。

（10）加强农田水利设施建设。良好的水利设施能提高蔬菜作物抗灾能力，能调节田间小气候，减少病虫草害的发生和为害。绿色食品蔬菜生产基地的水利设施建设必不可少。

二、有机食品开发与生产

1. 有机食品生产概述

有机食品是由有机农业生产出来的，国外有机农业的发展与有机食品的兴起,是同传统石油农业发展所带来的许多弊端分不开的。1972年,欧洲尤其是德国的一些组织发起了有机农业,通过有机农业为人类生产无污染的健康食品——有机食品,并成立了专门的组织"国际有机农业运动联盟"。经过多年的发展,这个组织已成为拥有100多个国家的近800个成员参与的国际性组织之一。

现在有机农业组织已扩展到世界五大洲,出现了多种多样的形式。国际有机农业运动联盟制定出了生产有机食品所必须达到的基本标准和守则,其中最主要的基本标准为:

(1)整个生产项目与生产过程都必须按有机农业生产方式进行,而不能只有一部分生产项目按有机农业方式进行,而另外的生产项目按常规方式进行。

(2)在作物生产中禁止使用化学合成的氮肥、其他可水溶性的肥料、化学植保药剂或其他药剂。

(3)在畜牧生产中禁止使用人工激素和其他增产剂,从非有机农业组织购入的饲料不得超过10%。此外,不得采取虐待牲畜的生产方式。

据有关研究显示,2018年,全球以有机方式管理的农地面积为7150万公顷(包括处于转换期的土地)。有机农地面积最大的两个大洲分别是大洋洲（3600万公顷，约占世界有机农地的一半）以及欧洲（1560万公顷，22%）。拉丁美洲拥有800万公顷（11%），其次是亚洲（650万公顷，9%），北美洲（330万公顷，5%）和非洲（200万公顷，3%）。一些国家的有机农地份额占比远远高于全球：列支敦士登（38.5%）和萨摩亚（34.5%）的有机农地占比最高。有16个国家，其国内至少10%以上的农业用地是有机耕作的。有机农地面积最大的三个国家分别是澳大利亚（3570万公顷）、阿根廷（360万公顷）和中国（310万公顷）。

我国有机食品的开发仍处在起步阶段，生产的规模与产品数量都很少，而且基本上是面向国际市场。我国真正开始有机食品的开发是在1994年国家环境保护局有机食品发展中心成立以后。随着外商需求的多样化，我国开发的有机食品种类也迅速增加，现在大多数栽培作物都已有了有机食品。我国目前已形成了较为完整的有机食品生产和认证体系，有机食品认证标准与国际通行标准完全接轨。我国已通过认证的有机食品生产基地超过5亿平方米，还不包括大量的野生、天然有机食品生产基地，颁证产品主要有谷类、豆类、蔬菜、饮品、中草药等类别100个品种，其中大部分销往日本、美国、加拿大及欧洲市场，也有部分产品在国内市场销售。

2. 有机食品生产的环境要求

大气环境：有机农业必须在符合国家大气环境质量标准 GB 3095 中的二级标准和 GB 9137 的规定。

水质标准：有机农业的生产用水应符合相应用途的水质标准。

土壤环境：要求在土壤肥沃、耕性良好、无污染、符合相关的土壤质量的地区从事农业及有机食品的生产，避免在遭受工业"三废"污染的地区及土地上从事有机农业生产。

3. 有机食品生产的技术

由于有机农业不提倡使用化肥、农药而代之以有机肥料和病虫害的生物防治，因而在生产上形成了特定的技术操作与规范要求。它是在考虑当地自然条件的前提下，基于低的外界投入和不使用人工合成化肥和农药，以促进和增加生物多样性、生物循环和土壤生物活性的一个全面的生产管理系统。

（1）产前技术要求与规范

在农作物生产中，栽培的种子和种苗（包括球茎类、鳞茎类、植物材料、无性繁殖材料等）应是适应当地土壤与气候条件，对病虫害有较强的抵抗力，来自被认证过的有机农业生产系统，而不得使用由基因工程获得的品种。

在种子的处理中，严禁使用各种化学物质来浸种、催芽及灭菌处理种子。在必需的情况下，可以使用允许的一些物质来处理种子。

（2）产中的技术要求与规范

有机肥。主要使用本系统生产的有机肥源，但需要经过1~6个月的充分腐熟的有机肥料。经过高温堆肥等方法处理后，没有虫害、寄生虫等传染病的人粪尿和畜禽粪便也可作为有机肥料使用。在本系统内的肥源不能满足生产过程所需时，也可以使用系统外未受污染的有机肥料，但应严格控制数量并逐步减少用量。

在有机农业生产系统内实行轮作，提倡多种植豆科作物和饲料作物，以增加系统内的有机质和肥料来源。严禁使用人工合成的化学肥料、污水、污泥和未经堆制的腐败性废弃物。可以在非直接生食的多年生作物及至少4个月后才能收获的作物上直接使用新鲜肥、好气处理肥、厌气处理肥。但是供人们食用的蔬菜，则不允许使用未经处理的人畜粪尿。

矿物质肥料。可以使用未经化学处理的矿物肥料。使用时，特别是含氮的肥料（如泥浆等）时，不能影响作物的生长环境，以及营养味道和抵抗力。允许使用未添加禁用物质、经过堆制或发酵处理的动物来源副产品（血粉、骨粉、肉粉、鱼粉、牛奶及奶制品等），从物理过程（包括脱水、冷冻和研磨）、用水或酸和（或）碱溶液提取、发酵而来的海草或海草产品，磷矿石、钾矿石、硼砂、镁矿粉等矿物来源土壤培肥和改良物质要求天然来源、未经化学处理、未添加化学合成物质等，个别矿物对某种化学元素含量做了更进一步要求。禁止使用硝酸盐、磷酸盐、氯化物等营养物质，以及会导致土壤重金属积累的矿渣。

病虫草害的防治技术。允许使用石灰水、硫黄、波尔多液、杀（霉）菌的皂类物质、植物制剂、醋和其他天然物质来防治作物病虫害。允许使用植物性杀虫剂和微生物杀虫剂以及诱捕器、屏障等物理性措施来防治虫害。严禁使用人工合成的化学农药和化学类、石油类以及氨基酸类除草剂和增效剂，提倡生物防治和使用生物农药。

（1）生物防治技术。病虫害的防治是有机农业生产中的关键一环，因为有机农业生产不允许使用化学农药来防治病虫，所以必须以生物技术的方法来防治害虫，采用的方法可以多种多样。

①以虫治虫。利用害虫的天敌来防治害虫，主要途径有保护和利用本地自然天敌昆虫，人工繁殖和释放天敌昆虫以及引进外来的天敌。可以通过改善或创造有利的环境条件，促进天敌繁殖发展，以充分发挥其防治的潜力。例如，我国稻区将采得的稻螟虫卵块放于寄生蜂的保护器内，保护卵寄生蜂羽化，再飞到田间，提高了螟虫卵的寄生率。对捕食性的七星瓢虫，可以采用室内人工保护，降低其越冬死亡率，来年再释放到田间，可以增加天敌的数量，弥补田间天敌数量的不足，促使害虫在未大量发生之前就受到天敌的抑制。

②微生物治虫。能够引起昆虫疾病的微生物有真菌、细菌、病毒三大类。利用微生物治虫有许多成功防治经验。如利用苏云金杆菌防治害虫具有比其他微生物农药杀虫速度快、治虫范围广、杀虫效果较稳定及受环境因素影响较小等特点。苏云金杆菌菌体或芽孢被昆虫吞食后在中肠内繁殖，芽孢在肠道中经 16~24 小时后萌发成营养体，24 小时形成芽孢，苏云金杆菌可产生伴孢晶体毒素和苏云金素两种毒素，昆虫中毒后停止取食，肠道破坏，最后因饥饿和败血症而死亡。我国在利用苏云金杆菌防治害虫方面取得了较大的成就。在防治稻苞虫、稻螟蛉、稻纵卷叶螟、

二化螟、三化螟、稻眼蝶、稻叶夜蛾等水稻害虫用苏云金杆菌变种424、武汉杆菌140等的制剂。用0.05亿~0.1亿孢子/毫升制剂喷雾防治稻苞虫和稻螟蛉效果达80%以上，对稻纵卷叶螟效果为60%左右。用1亿~2亿孢子/毫升喷雾防治三化螟枯心和白穗的效果为50%~70%，用1亿孢子/毫升喷雾防治二化螟效果在60%以上。

防治棉铃虫、棉造桥虫、棉尺蠖、棉花夜蛾、卷叶虫等用天门杆菌。以1亿孢子/毫升防治棉铃虫二代幼虫效果可达70%~90%，青虫菌防治棉花灯蛾的效果达80%，防治棉小造桥虫的死亡率可达94%~100%，武汉杆菌对越冬代棉红铃虫有60%~80%的死亡率。还可用苏云金杆菌制剂防治茶毛虫、茶尺蠖、烟青虫等。

昆虫病毒对害虫也有较强的杀死效果或造成昆虫流行病，目前主要应用的是多角体病毒和颗粒体病毒。多角体病毒可以用于防治棉铃虫、烟夜蛾、粉纹夜蛾、松叶蜂等。颗粒体病毒可以用于防治菜青虫、卷叶蛾及印度谷螟等。喷洒松叶蜂多角体病毒浓度达500万~5000万个/毫升，可使松叶蜂虫下降率达90%以上。

白僵菌制剂是一种真菌杀虫剂，白僵菌防治松毛虫的效果可达60%~80%。当白僵菌制剂孢子的浓度为每克含 1 亿 ~5 亿个时，防治玉米螟的效果为 63%~97%，用白僵菌制剂封垛防治玉米螟，可使垛内玉米螟幼虫感染率达 70%~80%，降低虫卵量，降低田间螟害率 70%。白僵菌 208 菌株以 0.5 亿 ~2 亿孢子 / 毫升喷雾，对水稻黑尾叶蝉的防治效果达 70% 以上；以固体制剂 150 倍稀释液防治稻飞虱的效果可高达 60%，防治三化螟效果较低，约 50%。

我国利用芽孢杆菌系列微生物农药防治植物病害如防治大白菜的软腐病、油菜菌核病和小麦纹枯病，美国也利用芽孢杆菌用于桃、葡萄、柑橘等储藏期腐烂病的防治。

（2）物理及机械防治技术。主要技术包括：

①加热处理。利用蒸汽、热水、太阳光、烟火等热源对土壤、种子、植物材料进行处理，以防治病虫，如利用太阳光能晒干种子杀死病菌、霉菌，以增加耐贮性；用一定温度的热水进行种子及苗木浸泡，以杀死病菌。如用 40~50℃温水浸泡苗木防治病毒病；土壤的热处理可以杀死部分土壤传播的微生物病菌，可以使用蒸汽灭菌及加盖地膜方法使地温升至 50℃，选择性地杀死病菌。

②捕杀及诱杀法。根据害虫的活动习性及栖息地的生境状况等，利用人工器械进行捕杀。如根据金龟子的取食性习惯或假死习性进行打落或振落加以杀死。可以用多种

多样的方法进行害虫的人工捕杀，如防治稻苞虫的竹梳和拍板，捕杀黏虫的黏虫兜、黏虫船，捕杀小麦吸浆虫的拉网等。

利用害虫的趋光性，以及有关潜藏、产卵选择性，可以采用适当方法或器械加以诱杀。灯光诱杀是采用得最普遍的一种方法，因为大部分夜间活动的昆虫都有趋光性，且不同的害虫对光色和光度有一定要求，因此采用不同的光源灯可以有目的地诱杀一些主要的为害害虫。如利用黑光灯能诱集到700多种昆虫，包括重要的农业害虫近50种。有些害虫有趋化性，如蝼蛄趋马粪，小地老虎和黏虫趋糖、醋、酒，为害果树的梨小食心虫、食心虫有在粗皮裂缝中越冬的习性，因此越冬前在树干上束草或围麻布片诱集其进入越冬，可以有效地清除害虫，有些害虫在取食、产卵习性上有趋好性，如马铃薯瓢虫为害茄子，但特别喜欢取食马铃薯，在茄子地附近种少量马铃薯可以诱集这种害虫。在棉田中种植少量玉米诱集棉铃虫、玉米螟，可有效地减少棉花受害程度。

③其他方法。在了解与掌握病虫与寄主之间生长发育规律的基础上，可以在作物与病虫之间设置适当障碍物，阻止病虫为害。例如，利用果实袋可以阻止果类食心虫在

果实上产卵及为害,树干上涂刷石灰可以防止害虫下树越冬及上树为害或产卵。另外,也可以采用一些机械的方法去除种子中所混杂的杂草,以减轻杂草的为害程度。如利用不同浓度的盐水或泥水浸种,可以将水稻、小麦中不饱满的瘪籽、病种子及杂草种子漂浮除掉。

(3)除草技术。因不能使用除草剂,一般采用人工或机械方法除草。主要在作物生长的前期,及时清除杂草幼苗,因杂草生长早期为养分吸收的主要阶段,对养分的吸收率较高,如不及时清除,杂草与蔬菜争夺养分,对作物生长不利。还可以利用黑色地膜覆盖,抑制杂草生长。对某些水生作物可以采用在水田中养殖食草鱼类的方法减少杂草生长。另外,在使用含有杂草的有机肥时,应完全腐熟,无杂草种子,以减少带入田里的杂草种子数量。

(4)农业生产及栽培防治技术。对于病虫害的有效防治除了上述几个方面之外,离不开农业生产及栽培措施的综合运用。

合理密植是农业生产及栽培技术上的主要措施,许多病害都是在高密度下,因下部潮湿、不通风、不透光而严重发生,因而采用合理密度,控制株行距可以防治许多病害,如棉花的烂铃。水稻在过分密植时稻飞虱、叶蝉发生量大。

水旱轮作是有效防治杂草病虫发生的途径之一，对于土传病害及传播能力有限的土栖害虫，效果尤其显著。由于水生及旱地作物生长发育的生态环境不一致，可以切断病虫的食物链，使病虫饥饿，致使病虫死亡。通常水旱轮作需要 2~3 年，视病虫在不利的取食与生存环境下的耐久力而定。

土壤翻耕是农业生产常用的清除杂草的主要措施之一。深翻耕还可以把为害作物的病菌、虫卵埋到深层土壤中使之不能生活或生长，同时还可将一些害虫暴露在土表被天敌取食或冻死。如大豆食心虫一般在土表 0~3 厘米化蛹，如将蛹翻在 6 厘米以下即不能羽化。消灭病虫的交替寄主和生态环境中的杂草、消灭病虫越冬夏场所，可以显著地降低病虫的发生为害。四川直纹稻苞虫的越冬场所在背风向阳处或田边低湿野生杂草上，越冬幼虫次春化蛹羽化为成虫后，大多数在野生寄主上产卵繁殖，然后迁入稻田为害，因此通过冬季翻耕、铲除杂草破坏越冬场所，可以有效防治该害虫的为害。

4. 产后的加工技术工程与规范

（1）原料。有机食品的加工技术要求其原料必须来自颁证的有机生产系统，它们在终产品中所占比例不得少于95%，原料的质量和等级划分执行国家食品质量标准。在加工过程中必须严格区分颁证、未颁证以及普通的原料，防止有机原料与普通原料混杂在一起。

（2）辅料。有机食品加工过程中允许使用一些维生素、草本植物、调料、增稠剂、天然色素和香料，在加工中严禁使用辐射和石油馏出物，不允许使用人工合成的食品添加剂和维生素，但允许使用二氧化碳和氮，作为熏蒸剂和包装填充剂。

（3）加工场地与工具。必须保持有机食品加工场地的环境清洁（外部设施和内部设施），必须采取生态及物理的措施防除苍蝇、老鼠、蟑螂和其他有害昆虫，加工厂须远离有毒有害场所，食品加工单位必须取得有机食品发展中心或授权机构同意后才能进行有机食品的加工。

有机食品加工车间必须保持经常清洁和消毒，且消毒剂必须是无污染的天然物品。加工设备或工具等必须用无污染的材料制造，加工设备的布局和加工工艺流程应当合理，符合食品卫生标准，防止生食品与熟食品、有机原料与成品交叉感染。加工中使用的物具须标示其用途和使用方法，必须认真清洁所有用过的设施和材料，不允许有任何的残留。允许在进行有机食品加工的设备周围使用机械类、信息素类、气味类、黏着性的捕害工具、物理障碍、硅藻土、声光电器具作为防治有害生物的设施或材料。

（4）人员与加工手段。进行有机食品加工的人员需定期进行身体检查，不允许有传染病的人上岗，在食品的加工过程中，禁止使用会改变原料分子结构或会发生化学变化的食品处理方法，禁止使用酸或碱水解。不允许使用溴代甲烷、磷化氢或其他未列入允许使用物品表上的熏蒸剂来熏蒸。

严格按照《中华人民共和国食品卫生法》的要求选择有机食品包装材料，所有包装必须不受杀菌剂、防腐剂、熏蒸剂、杀虫剂等污染物的污染，包装过程中禁止用铅含量超过5%的铅铝焊条。所有用于包装的材料必须是食品级的包装材料，应讲究包装的简便、实用，使用可以回收和再利用的包装材料。

（5）贮藏与运输。食品贮藏包括必须远离各种污染源，保持环境的清洁，并且禁止使用会对有机食品产生污染或潜在污染的建筑材料与物品，严禁食品与化学合成物质的接触。定期对贮藏仓库用物理、机械或生态学的方法消毒，清除害虫，不使用会对有机食品有污染或潜在污染的化学合成物质进行消毒。

有机食品的保质贮藏必须采用干燥、低温、密闭与通风、缺氧、紫外光消毒等物理或机械方法。入仓堆放时应严格按照食品的特性与要求，按操作规范来进行，需要留出一定的墙距、柱距、货距与顶距，保证贮存的有机食品物体之间有足够的通道。

建立严格的仓库库存与调入调出、管理情况记录档案。根据不同食品的贮藏要求，做好仓库温度、湿度的管理，并经常检测食品温湿度、水分及虫害发生情况。

用来运输有机食品的工具在装入有机食品前，必须进行灭菌消毒，且必须用无污染的材料装运有机食品。运输中所使用的包装物必须符合有机食品的包装规定，不同种类的有机食品运输时必须严格分开，不允许将性质相反或互相串味的食品混装在一个车中。

用来运输有机食品的车辆最好定点专车专用，装运前必须对食品质量进行检查，尤其是进行长途运输的粮食、蔬菜和鱼类必须有严格的管理、保障措施。装运过程中所用的工具应清洁卫生，不允许含有化学物品，禁止带入有污染或潜在污染的化学物品。

第五节 生态农业的经营之本——环境保护

一、土壤污染的防治与修复技术

1. 土壤污染类型和特点

土壤污染又称土壤环境污染，系指人类活动产生的混杂物，通过不同的途径输入土壤环境中，其当量和速度超过了土壤的净化能力，从而使土壤污染物累积过程逐渐占优势，土壤生态系统的平衡受破坏，正常功能失调，导致土壤生态环境质量下降、退化甚至脆弱，影响作物正常生长发育，作物产品的产量和质量随之下降，并产生一定的环境效应（水体或大气发生次生污染），甚至土壤生态系统遭到不可逆转的毁灭性灾难，以致危及人体健康和威胁人类生存及发展。

我国土壤污染相当严重。据报道，目前我国受镉、铬、铅等重金属污染的耕地面积近2000万公顷，约占总耕地面积的1/5；其中工业"三废"污染耕地1000万公顷，污水灌溉的农田面积已达330万公顷。

（1）土壤污染特点

土壤污染具有隐蔽性和滞后性。土壤污染要通过对土壤样品、植物生态效应、植物产品质量、环境效应进行分析化验和农作物的残留检测，甚至通过研究对人畜健康状况的影响才能确定。因此，土壤污染从产生污染到出现问题通常会滞后较长的时间。

土壤污染的累积性。污染物质在土壤中并不像在大气和水体中那样容易扩散和稀释，而是容易在土壤中不断积累而超标，同时也使土壤污染具有很强的地域性。

土壤污染具有不可逆转性和长期性。污染物进入土壤环境后，便与复杂的土壤组成物质发生一系列迁移转化作用，许多污染作用为不可逆转过程，污染物最终形成难溶化合物沉积在土壤中。许多有机化学物质的污染也需要较长的时间才能降解，如被某些重金属污染的土壤可能要100~200年才能够恢复。

土壤污染的复杂性和难治理性。积累在污染土壤中的难降解污染物则很难靠稀释作用和自净化作用来消除，土壤污染一旦发生，仅仅依靠切断污染源的方法则往往很难恢复，有时要靠换土、淋洗土壤等方法才能解决问题，其治理成本较高，治理周期较长。

（2）土壤污染类型

按土壤污染源和污染途径，可分为水质污染型、大气污染型、固体废物污染型、农业污染型、综合污染型等多种。按土壤污染物的属性大致可以分为重金属污染、农药和有机物污染、放射性污染、病原菌生物污染等多种类型。

2. 土壤污染防治和修复技术

对于土壤污染必须贯彻"预防为主、防治结合"的环境保护方针，首先必须控制和消除污染源，同时应充分利用土壤自净能力。

（1）控制和消除污染源

应严格控制"三废"的排放量和排放浓度，使之符合排放标准。对于污水灌溉，必须经过一段时间的定期监测分析，确保污水符合污灌卫生标准。要限制污灌作物和污灌时间，污水不宜灌溉生吃蔬菜，牧草放牧前7~10天，蔬菜上市前10天，马铃薯开花前，要停止污灌。污灌区必须配备清水源，发现问题及时清灌。

城市污泥农用要经过无害化处理，控制城市垃圾的排放和使用，加强对工业有害废渣的管理。合理使用农药，淘汰高毒高残留农药，发展高效低毒低残留农药和生物防治技术。科学施用化肥，减少化肥面源污染。

（2）增加土壤容量，提高土壤净化能力

采取合理措施，提高土壤对污染物的容纳量和净化能力。如增施有机肥，促进土壤熟化和团粒结构的形成，增加或改善土壤胶体的种类和数量，提高土壤通透性，施入微生物菌种，增强微生物降解作用，从而提高土壤净化能力，缩短污染自净周期，降低污染。

（3）土壤污染修复技术

对于已被污染的土壤可以采取下列改良措施，以恢复和改良土壤环境的质量，使土壤资源可永续利用。

排土、客土改良（物理改良措施）。重金属污染物大多富集于地表数厘米或耕作层，采用排土（挖去污染土层，换入新的干净土壤）、客土（用非污染客土覆盖于污染土上）法，可获得理想的改良效果。但此法耗费大量的劳动力，并需要丰富的客土来源，排出污染土壤还要妥善处理，以防造成二次污染。因此，这种方法只适用于小面积污染土地。在污染稍轻的地方可深翻土层，将上下土层翻动混合，表层土壤污染物含量降低，但在严重污染地区不宜采用。

控制土壤的氧化还原状况。大多数重金属形态受氧化还原电位影响，改变土壤氧化还原条件可减轻重金属危害。据研究，水稻在抽穗至成熟时，大量无机成分向穗部转移，保持淹水可明显减少水稻籽粒中铜、铅等含量。在淹水还原状态下，部分金属可与硫化氢形成硫化物沉淀，减少金属活性，减少污染。

生物改良措施：

种植某些非食用的、吸收重金属能力强的植物来逐步降低土壤重金属含量，恢复土壤环境的质量，如羊齿类铁角蕨属的一种植物对土壤中镉的吸收率为10%，连续种植多年可降低土壤含镉量。

利用土壤中红酵母和蛇皮藓菌净化土壤。据日本学者研究，这两种生物对剧毒性的多氯联苯降解率分别达到40%和30%。另外，利用蚯蚓可降低污染，改良土壤。蚯蚓不仅能翻耕土壤、改良土壤，而且还能处理农药、重金属等有害物质。

因地制宜地改变耕作种植制度（包括间混套作和施肥等措施），如根据作物根系深度及地下水深度等对土地适当翻耕加速污染物分解,减少对作物污染。旱作改为水田,可加速有机氯农药如DDT等的降解速度,降低和消除农药污染。

施加抑制剂(化学改良剂)。施加化学抑制剂可改变有毒物质在土壤中的迁移方向,使其被淋洗或转化为难溶物质,减少被作物吸收的机会。一般施用的抑制剂有石灰、碱性磷酸盐、硅酸盐等,它们可与重金属污染物生成难溶性化合物,降低重金属在土壤及植物体内的迁移,减少对生态环境的危害。

二、生态农业中废弃物的处理与利用

(一)畜禽粪便的处理与利用

畜禽粪便中含有大量的氮、磷等营养物质,其含量相当于我国同期施用化肥量的78.9%和57.4%。畜禽粪便既是宝贵的资源,又是一个严重的污染源,如不经妥善处理就排入环境,将会对地表水、地下水、土壤和空气造成严重污染,并危及畜禽本身及人体健康。

1. 用作肥料

畜禽粪便经发酵后可就地还田作为肥料使用,是减轻其环境污染、充分利用农业资源最经济有效的措施。在生态农业园区进行有机食品和绿色食品的生产，用畜禽粪便制作有机肥具有必然性。

畜禽粪便用作肥料是我国劳动人民在长期的生产实践中总结出来的，大多数采用填土垫圈的方式或堆肥方式利用畜禽粪便，俗称农家肥。人们一直利用农家肥给作物施肥。

随着集约化畜禽养殖的发展，畜禽粪便也日趋集中，采用的方法有厌氧发酵法、快速烘干法、微波法、膨化法、充氧动态发酵法。目前在北京地区广泛采用快速烘干法利用鸡粪，用这种方法可以将排出的大量湿鸡粪及时进行烘干，避免了污染、减少了堆放场所，便于储存、运输、出售。及时烘干的鲜鸡粪也可用于再生饲料。

2. 用作饲料

畜禽粪便用作饲料，亦即粪便资源的饲料化的重要途径。畜禽粪便中所含的氮素、矿物质、纤维素等能作为取代饲料中某些营养成分的物质。随着畜牧业和化肥工业的发展、全球性能源和粮食短缺问题的出现，畜禽粪便的饲料化问题也受到高度重视。

畜禽粪便饲料化的方法。畜禽粪便经适当处理可杀死病源菌，便于贮存、运输、改善适口性，并能提高蛋白质的消化率和代谢功能。

（1）干燥法。干燥法以鸡粪的处理用得最多，也是常用的处理方法，分为自然干燥和人工干燥两类。

①自然干燥。小规模鸡场收集的鸡粪可以单独或渗入一定比例的麦糠，拌匀堆晒在干燥地方，利用太阳晒干。晒干后过筛，除去杂质再粉碎，放置在干燥地方，可用作饲料。

②塑料大棚自然干燥。将鸡粪运入塑料大棚内，用干燥搅拌机搅拌烘干，等鸡粪干燥时即停止工作。

③高温快速干燥。采用快速干燥机（或称脱水机）进行人工干燥。鸡粪经过干燥机处理后，在短时间内（约22秒）受到500~550℃高温作用，鸡粪的含水量由原来的70%~75%降低到13%以下。

④烘干法。将鸡粪倒入烘干箱内，70℃和140℃经2小时或180℃经30分钟加热处理，可达到干燥、灭菌、耐贮藏的效果。

（2）青贮法。畜禽粪便可单独或与其他饲料一起青贮。青贮后的鸡粪可以按2∶1的比例喂牛。25%~40%的牛粪可经青贮法处理后重新喂牛。其中以鸡粪青贮效果最好，牛粪最差。

（3）需氧发酵。该方法投资少，产品改变了粪便本身的很多特点，适合用作单胃动物的饲料。在处理过程中需充气、加热、产品干燥，所以会消耗大量能源。用氧化沟处理，可省去产品干燥过程，氧化沟的混合液体作为动物的饮水，动物日杂粮中的蛋白质含量可减少15%，每只蛋鸡的粪便每天需耗电0.021千瓦时。

（4）分离法。许多畜牧场采用冲洗式的清扫系统，收集的粪便都是液体或半液体的。采用分离法，就是选用一定规格的筛选和适当的冲洗速度，将畜禽粪便中的固体部分和液体部分分离开来，可以获得满意的结果。用这种饲料喂牛，其中的干物质、有机物、粗蛋白质和中性化纤维比高质量的玉米青贮饲料中相应成分消化率高。

3. 用作燃料

厌氧发酵法是将畜禽粪便和秸秆等一起进行发酵产生沼气，这种方法不仅能提供清洁能源，同时也解决了畜禽粪便污染的问题。畜禽粪便发酵产生的沼气可直接为农户提供能源，沼液可以直接肥田，沼渣还可以用来养鱼，形成养殖与种植和渔业紧密结合的物质循环生态模式。我国劳动人民总结了许多建设沼气池的经验，创造出牲畜圈、厕所、沼气池、菜地、农田、鱼塘连为一体的种植养殖循环体系。这种循环体系的沼气池不用太多的投资（沼气池可以是砖和混凝土结构，也可以视当地土质结构直接为黏土结构），效益非常显著，农村庭院生态系统物质实现了良性循环。

许多实践与研究证明，鸡粪厌氧发酵能使寄生虫卵灭活，减轻土壤污染与水污染。将沼气与无机肥制成复合肥，能增加土壤有机质、碱解氮、速效磷含量及土壤酶活性，使作物病害降低，减少农药施用量77.5%，提高农作物产量与质量。沼液含有17种氨基酸、多种活性酶及微量元素，可用作畜禽饲料添加剂。此外，沼液养鱼能提高鱼群成活率。因此，发展以沼气工程为中心的鸡等家畜家禽粪尿处理工程系统，可充分利用肥、能源及营养物，投入产出比可高达1∶5，投资回收期一般仅为3年，具有极其显著的经济、社会、环境效益。

（二）农业秸秆的利用

利用秸秆的方式很多，当前我国主要是还田利用、饲料化处理和作为工业生产原料三种。

1.秸秆还田利用

秸秆还田的方法分为整株还田技术、有根茬粉碎还田技术和传统沤肥还田技术。实践证明，秸秆还田后，土壤中氮、磷、钾养分都有所增加，尤其是速效钾的增加最明显，对解决我国氮、磷、钾比例失调的矛盾，补充磷、钾化肥不足有十分重要的意义。秸秆还田后，土壤活性有机质也有一定的增加，土壤容重下降，孔隙度增加，对改善土壤结构有重要作用。秸秆覆盖和翻压对土壤有良好的保墒、调温、抑制杂草生长、减轻盐碱等作用。这样就大大改善了土壤的水分、养分、通气和温度状况，优化了农田生态环境，为夺取作物高产、稳产、优质打下基础。

我国年产约 5 亿吨秸秆，是一项宝贵的有机肥资源。我国的国情是人均占有耕地面积小，机械化程度较低，耕地复种指数高，倒茬时间短，加之秸秆碳氮比值高，给秸秆还田带来困难。常因翻压量过大、土壤水分不够、施氮肥不够、翻压质量不好等原因，出现妨碍耕作、影响出苗、烧苗、病虫害增加等现象，严重的还会造成减产。据调查，秸秆还田量过大时，出苗率减少 15%。施氮肥不足，常使幼苗发黄。在干旱年份麦秸不易腐烂，影响下茬种麦质量。旱地玉米秸覆盖，地下病虫和玉米黑穗病有加重趋势，如果大面积连续多年实施这一技术，有引起病虫害流行的可能。南方未改造的下湿田、冷浸田和烂泥田透气性差，秸秆翻压后容易产生大量甲烷、硫化氢、二氧化碳等有害气体，毒害作物根系。

2. 秸秆饲料化利用

植物残体（纤维性废弃物）往往因其营养价值低，或可消化性低，不能直接用作饲料。但如果将它们进行适当处理，就会大大提高其营养价值和可消化性。具体处理方法有：

微生物处理。一般来讲，农作物残体中都含有碳水化合物、蛋白质、脂肪、木质素、醇类、醛、酮和有机酸等，这些成分大都可被微生物分解利用。这些微生物含有较多的蛋白质，其中动物所必需的氨基酸含量也较高，并含有较丰富的维生素，可作为人的高蛋白质食物，加到动物饲料中可大大提高饲料效果。

饲料化加工。主要利用薯类藤蔓、玉米秸、豆类秸秆、甜菜叶等加工制成氨化、青贮饲料，稻草作为草食性动物的食料等。其方法有秸秆的氨化、青贮和微生物发酵贮存、热喷、揉搓、压饼等。秸秆作为饲料的影响因素主要是纤维素含量高，粗蛋白质和矿物质含量低，并缺乏动物生长所必需的维生素 A、维生素 D、维生素 E，以及钴、铜、硫、钠、硒和碘等矿物质元素，能量值很低。由于这些原因，秸秆饲料的动物采食量和营养物质的消化率受到影响。20世纪70年代饲料工业开始应用酶制剂，近几年已获得广泛应用，研究也日趋强化。目前应用比较广泛而且作用明显的酶制剂包括淀粉酶、纤维酶、葡萄糖酶、乳糖酶、肽酶以及复合酶制剂等。

作为生产原料利用。秸秆较多地应用于造纸和编织行业、食用菌生产等，近年又兴起了秸秆制炭技术、纸质地膜、纤维密度板等。利用农作物秸秆等纤维素废料为原料，采取生物技术的手段发酵生产乙醇、糠醛、苯酚、燃料油气、单细胞蛋白、工业酶制剂、纤维素酶制剂等。

利用植物残体生产食用菌，是将许多农业废弃物或农产品加工过程中生产的废物作为食用菌生产的原料。食用菌绝大部分属于担子菌，极小部分属于囊菌，较大面积栽培的有20多种。我国栽培的主要有各种平菇、香菇、金针菇、白蘑菇、草菇、白木耳、黑木耳，以及兼有医用价值的猴头、灵芝等。食用菌大都以有机碳化合物为碳素营养，如纤维素、半纤维素、木质素、淀粉、果胶、戊聚糖、醇、有机酸等。目前我国常用的有稻草、麦秆、玉米秆、高粱秆、米糠、麦麸、豆秸、花生壳、甘蔗渣、莲子壳、废棉絮、锯末、木屑等。食用菌的正常生长同时还要求有一定的氮源。氮素来源除含氮化肥外，禽粪是良好的氮源。除碳、氮外，还要求有一定的矿物质元素如钾、钙、镁等。

3. 秸秆氨化技术

作物秸秆的氨化技术是用含氨源的化学物质（如液氨、氨水、尿素、碳酸氢铵等）在一定条件下处理作物秸秆，使秸秆更适合草食牲畜饲用的一种方法。草食牲畜直接饲用作物秸秆的实际消化率一般只有40%。将秸秆进行氨化处理，可以提高秸秆的消化率，从而提高秸秆的营养价值。

秸秆氨化处理的基本原理主要是氨的水溶液——氢氧化铵呈碱性，它与秸秆的碱化作用（氨解反应）能破坏木质素与多糖之间的酯键结合，使纤维素、半纤维素与木质素分离，将不溶的木质素变成较易溶的羟基木质素，引起细胞壁膨胀，结构变得疏松，使结晶纤维素变成无定形纤维素，进而使得秸秆易于消化。其次，氨与有机物形成有机酸的铵盐，它是一种非蛋白质氮化合物，是反刍家畜瘤胃微生物的营养源。氨还可以中和秸秆中潜在的酸度，为瘤胃微生物活动创造良好的环境。瘤胃微生物能将碳、氢、氧、硫等元素合成更多的菌体蛋白质供动物吸收和利用。

秸秆的氨化技术主要有以下几种方法。

（1）小型容器法。秸秆氨化用的小型容器包括窖、池、缸、塑料袋等。若用尿素或碳酸氢铵为氨源，可先将其溶于水与秸秆混匀并最后使秸秆含水量达到40%，然后装入容器内加以密封。若用氨水或液氨为氨源，则先将秸秆的含水量调至15%或30%，然后装入容器，严格容器密封，从所留注氨口注入氨水或液氨后再完全密封。

此类方法适宜于个体农户的小规模经营，而且一般都在环境温度下进行。如果用3%~4%的氨浓度处理作物秸秆，还要掌握合适的处理时间。

（2）露天堆垛法。在地上铺塑料膜（厚0.15毫米以上的聚乙烯膜），在膜上将秸秆堆成垛，再在垛上盖上塑料膜，并将上、下膜的边缘包卷起来埋土密封。该法的氨源选用、加入程序和密封氨化时间与小型容器法相同。此种方法是我国目前应用最广泛的一种方法。

由于氨是一种味道很不好的气体，注入氨气的工作一结束，立即将留下的一边塑料薄膜卷紧压实。必须牢记的是当空气中所含的氨浓度达到15%~28%时，点火就会发生爆炸。因此，应当把草垛放在远离畜禽和其他建筑物的地方。注入氨之后不久，草垛上部的温度可升高到30~40℃，其后在1~2天内下降到环境温度。

（3）氨化炉法。将秸秆在特制的氨化炉中加温至70~90℃，并维持这个温度10~15小时，然后停止加温并保持密封状态7~12小时，即可完成氨化反应。氨化炉法不受季节气候的限制，可以做到一天一炉按计划生产，适宜于大型养殖场应用。

4. 秸秆制气技术

广义地说，农村中存在各种各样的废弃物，除秸秆外，还有稻壳、蔗渣、木屑、花生壳、玉米芯、树皮、刨花等，这些固体废弃物，统称为生物质。在农村能源消费结构中，生物质能约占生活用能的70%，占整个用能的50%。但生物质的利用仍以直接燃烧的柴灶为主，这种方式效率很低，只有10%~20%。一些生物质如被弃田间地头的秸秆量逐年增加，许多地区废弃秸秆量已占总秸秆量的60%以上，既危害环境，又浪费能源。焚烧秸秆还造成了严重的大气污染。从可持续发展的角度看，秸秆是可再生而且洁净的能源资源。

生物质气化技术是热化学转换的一种方式，特别适用于农业废弃物的处理利用。秸秆气化集中供气、供电技术，具有效率高、原料适应性好、设备简单、投资较低的优点，适合于我国农村现阶段的技术经济水平。

气化原理。简单地说，生物质气化技术，就是生物质原料在缺氧状态下加热反应的能量转换过程。生物质由碳、氢、氧等元素和灰分组成，当它们被点燃时，供应少量空气，并且采取措施控制其反应过程，使其变成氧化碳、甲烷、氢气等可燃气体，生物质中大部分能量都转移到气体中，这就是气化过程。

气化反应装置。气化过程的实现是通过气化反应装置完成的。20世纪80年代以来，我国许多高校和科研机构在生物质气化技术和装置方面取得了一系列成果。如中国农业机械化科学研究院开发的下吸式DN系列生物质气化炉，已应用于烘干茶叶、木材、饲料，供热和供暖等，90年代开发出家用小型气化炉。山东省能源研究所研制出以农作物秸秆、谷物、皮核等为原料，经热解产气，使农民用上了管道煤气。中国科学院广州能源研究所研制了上吸式气化炉、改进的上吸式气化炉、层式下吸式气化炉、循环流化床气化炉等一系列炉型，能根据原料特点和用户的不同需要进行设计，用于供热、供电和供气，部分产品已出口东南亚，完成了生产中热值对燃气装置的研究、IMW谷壳气化发电系统的研制，使我国生物质气化技术的应用向规模化迈出了可喜的一步。

（三）塑料制品的处理与利用

塑料是一种高分子材料，具有不易腐烂、难于消解的性能，因此塑料散落在土地里会造成永久性污染。实验表明，塑料在土壤中被降解需要200年之久。

近年来，国内各种农业膜生产及应用发展迅速，已成为合理利用有限国土资源、提高耕地利用率和产量的有效手段。而随着用量的增加，残留在土地中的地膜也逐渐增多。残留农膜不仅产生化学污染，残留的地膜碎片还会破坏土壤结构，对农作物生育性状产生影响，使农作物产量降低。为减轻地膜产生的灾害，对废旧地膜的回收是防治污染与资源再生利用的上策。但因废旧农膜回收费工费时且回收率太低，难以推广，因此近年来国内许多单位积极研究开发能在大气环境中发生氧化、光化和生化作用的各种降解塑料，期待以此来解决"白色污染"，保护农田及生态环境。

1. 防治残留农膜污染的技术措施

大力推广应用新型自分解农膜。自分解农膜一种是双降解农膜，这种农膜不仅保持了高压膜的特点和使用性能，而且经过一段时间，在光照和土壤微生物作用下能自行分解。另一种是可溶性草纤维农膜，这种农膜是由农作物秸秆为原料加工制成的。它同一般的超薄农膜相比，厚度一样，仅0.08毫米，其透光度、保温性能及纵横拉伸强度可和一般超薄农膜相比，其残膜随耕地埋入土壤，2~3个月后就可经溶化分解转化为有机质成为肥料，从根本上消除了塑料薄膜对土壤造成的污染。

采用不同的清除方式，因地制宜，分类回收。在作物收获之前或收获之后回收农膜，或收获作物与回收农膜同时进行，并进一步搞好废膜回收及深加工。

推广膜侧栽培技术。膜侧栽培即将农膜覆盖在作物行间，作物栽培在农膜两侧。

2.地膜的回收及加工利用

近几年来，人们采取废膜回收、加工利用的方法，变废为宝，化害为利，达到消除污染、净化田间的目的，具体做法如下。

废膜回收。根据对膜回收的时间不同，一般分为以下三种回收方法。一种是在作物收获之前回收废膜。这种回收方法多用于拉根收获的作物，并且根部较大，侧枝根多，植株较大或枝杈较多，上下不易脱去地膜以及覆盖于作物顶部的膜。二是先收作物后收膜，这种回收多用于割茎收获的作物，从地上部茎部割去植株后，垄面上的废膜易揭收。三是收获作物与回收废膜同时进行，一般用于植株不易同地膜分离的作物，如花生等。

目前，还没有回收废膜的机械，只能用手、钩、耙等。为了便于废膜的捆包、运输和存放，回收废膜时应尽量保持膜的完整性。将拾拣的农膜残片稍加叠整，卷成筒状，系上绳子。

洗膜。回收的废膜上带有很多泥土，在加工之前必须用清水洗净晾干或风干。为了节约用水，又能保证洗膜质量，最好建3个水池，将废膜分作3次清洗。水池可建成圆筒形，内直径1.5米，高1米，在池内1米深处放置一个直径1.5米的铁箅子，筛孔长宽各3.3厘米，以不漏掉废膜为宜。水池的底部安装一个放水阀，以便冲洗池底泥沙和更换净水。也有不少地方利用机械洗膜，工效提高多倍。一般带土膜洗后质量减轻1/3左右。

洗净的废膜，要堆放在斜坡或草堆、石头上，将膜晾干或风干。

加工利用。加工的第一道工序是将废膜粉碎，加温熔融，经机械挤压成塑料泥。然后进入第二道工序，将塑料泥放入挤塑机，制成直径为3~4毫米的塑料条，经水冷却后盘起来。第三道工序是造粒。需要一台小型选粒机，将塑料条切割成7~8毫米长的塑料颗粒。到此，即完成了加工的初制产品。一般净膜出粒料97%左右。塑料颗粒是塑料工业的原料，每吨售价1100~1500元，每吨颗粒的原料成本600元左右（包括运输、购膜、损耗、代购奖励等），除去加工、管理等费用，每吨纯利250~300元。一套机械8000多元，根据型号不同，一般日加工能力300~600千克，月产7~15吨，年产100吨左右。有1300万~2000万平方米的地膜面积即可保证一个小型加工厂点的一年用料。

颗粒经过再加工可生产塑料产品。目前，农民加工生产的有塑料桶、盆、盒、盘、勺、管、地板、桌面、洗衣搓板等。颗粒料的销售市场主要是国有企业，而再加工的产品，其市场则主要是广大农村。

（四）生活垃圾的处理与利用

生态农业系统中生活垃圾的来源主要是旅游者和居民的生活垃圾。生活垃圾的成分主要是厨房废弃物（废菜、煤灰、蛋壳、废弃的食品）以及废塑料、废纸、碎玻璃、碎陶瓷、废纤维、废电池及其他废弃的生活用品等，组成十分复杂。除含有碳、氮、磷、钾等植物需要的营养元素外，还含有一些有害元素。长期以来，垃圾的处置主要是自然堆放或直接施入农田。垃圾堆积不仅占用了大量土地，而且还破坏了不少良田。长期露天堆放垃圾，腐烂发臭，灰尘、病虫卵随风传播。同时，由于有机物分解和雨水淋溶，也会使某些微生物和有害化学物质渗入地下，污染地下水。未经任何处理的垃圾直接施入农田，会造成农田土壤污染和肥力下降。

生活垃圾富含能源与资源，弃之则为废，用之则为宝。垃圾处理利用生态工程以整体、循环、协调、再生为基本原则，模拟自然生态系统，将生产者、消费者、分解者通过"食物（生产）链网"互相联系，形成一个闭合的、相对稳定的高效循环系统。

1. 垃圾的破碎和分选

垃圾破碎的目的主要是改变垃圾的形状和大小，增大容重，减小容积，有利于分类和进一步处理。当垃圾体积、形状过大不能使用破碎机进行破碎时，一般要先对其切割解体。

垃圾分选一般有手工分选、风力和重力分选、筛分分选、浮选、光分选、静电分选和磁力分选等，垃圾分选系统多是几种分选方法的联合运用，一般顺序是：破碎风选—重力分选—磁力分选—筛选—铝分离选—静电分选—浮选。

2. 高温堆肥

生活垃圾在农业利用前的无害化处理包括两方面的含义。一是除去石头、砖块、碎玻璃、金属、塑料等不应进入土壤的异物；二是可堆腐的有机物在微生物的作用下，向腐殖质转化，生产腐熟好的堆肥，同时杀灭有害生物。

垃圾中可利用的有机质含量为17%~50%，采用高温堆肥的办法来处理和利用生活垃圾，是一种很好的资源再生生物处理法，它可以利用微生物新技术加快堆肥速度，提高堆肥效果，减少化肥带来的一系列环境问题。

垃圾堆肥处理，主要是依靠自然界广泛分布着的细菌、真菌、放线菌等微生物的作用。垃圾（堆肥物料）在这些微生物的作用下分解，向较为稳定的腐殖质转化，微生物自身同时得到繁殖，这个过程的最终产品是腐熟的堆肥。好氧分解能有效地快速分解有机物，因此，现代堆肥的方法基本上都是采用好氧堆肥的方法。

3. 制造复合肥料

生物工程技术将有机废物转化为高效复合有机肥是一项成熟的技术。将两种好氧微生物添加于有机垃圾中，在适宜的气候条件下，充分搅拌，3~5周即可出成品肥。根据不同地区农田的需要，不加或适量渗入某种化肥，以提高肥效。与农家肥和堆肥技术比较,该技术效率更高、更卫生。在制作过程中,可以除臭、消毒、灭菌。

4. 垃圾焚烧发电

焚烧发电是发达国家普遍采用的一种方法,焚烧产生的热能可生产蒸汽、电能供生活和生产需要,结合综合处理、综合利用的集成技术,它能满足垃圾处理减量化、无害化、资源化及市场化的要求。据测定每5吨垃圾可节省大约1吨标准燃料。但是,垃圾焚烧会向大气排放有毒、有害气体,增加环境灰尘量,如果严重,必须采用复杂的气体净化装置,以除去其有害气体。

(五)人粪尿的处理与利用

人体排泄的粪便中含有大量致病微生物和寄生虫卵。每克新鲜粪便中,含大肠杆菌50万~1亿个、100万~1亿个肠道病毒空斑形成单位;每毫升含粪生活污水含1~100个肠道病毒空斑形成单位和100万~1000万个大肠杆菌。某些寄生虫病流行地区,40%的人群排出钩虫卵。

由于施用人畜粪便作农家肥,劳动保护不齐全,夏秋季节食用凉拌蔬菜,致使农村的肠道传染病和寄生虫病发病率普遍高。因此,粪便作为农家肥用于农业和农业生产,无害化处理是必需的。

由于生态农业园区人数的过快增长，单位面积土地承受人类排泄物的数量越来越大，如不对粪便、垃圾进行合理收集和处理，势必造成环境的污染。农户的庭院中，每户都建有厨房、厕所、鸡窝、粪堆（或坑），有的院内还建有水井，这就需要合理规划和布局。需要设计和建立一套使人畜每天的排泄物转化成有机肥料的简易科学的系统工程，使农民的积肥方式既能有利于农业生产，方便日常生活，又能符合文明卫生要求，彻底改变农村脏、乱、臭的面貌，使农民的生活环境质量得到进一步提高。目前已普遍推广的"四结合""五结合"（室内下水、厕所，室外家畜圈、鸡窝与沼气池相连通）沼气池，使生活污水、鸡粪、家畜粪便、人粪尿得到无害化处理。

1. 粪便处理常用方法

目前粪便的处理尚处于初级阶段，处理覆盖率较低，尚未形成完整的粪便管理体系，处理方法也仅限于堆肥、贮存、发酵复合肥以及沼气处理。

混合堆肥。经筛分的生活垃圾中的有机物与粪便混合堆成条形堆料，混入粪便可调育肥堆的湿度，提高肥力。当堆肥温度升高时，可杀死粪便中的致病菌和虫卵。此法一般适用于干燥少雨的地区。

发酵复合肥。粪便脱水后,与生活垃圾中的有机物或秸秆混合,在密闭的容器内有氧发酵20天,经风干后,成团黏结构,可包装出售,易于运输,便于使用,受到农民的欢迎。

贮存。容积达1000立方米的大型贮粪池在上海、烟台、成都、合肥、青岛等地均有建造,可作为粪便的一级处理,并能回收沼气,贮存期一般为2~3个月。青岛地区采用中温发酵,相对较短的时间便能达到无害化的卫生要求。烟台等地采用常温厌氧发酵,此法无须外加能源,无害化处理效果也不错。

沼气发酵。自20世纪50年代以来,我国就开始提倡应用沼气技术处理粪便。沼气发酵处理粪便产生的沼气可用于照明和烹饪,不仅解决了农村供电和燃料不足带来的生活不便,而且净化了室内外空气。

农村厕所对周围环境所散发的恶臭是空气污染之一,对生态农业旅游的实施非常不利。有实验对沼气池无害化公厕内空气中的氨浓度测定平均为3.71毫升/立方米,比普通公厕氨浓度减低57.94%。厕所内虫卵的减少可减轻厕所臭气对周围环境的污染和扩散,使居民和旅游者可以在清新的空气中舒畅地自由呼吸。

在密闭沼气池中处理粪便可以降低周围环境中的苍蝇密度，其中下降较明显的蝇种为绿蝇下降73.9%、金蝇下降67.0%、家蝇下降44.9%。沼气厕所区域的蝇密度比普通厕所区域下降90%。这对肠道传染病的预防无疑是有益的。

2. 粪便处理的卫生要求

为切实搞好粪便管理和无害化处理，我国已制定《粪便无害化卫生要求》（GB 7959—2012），用于评价城乡户厕、粪便处理厂（场）和小型粪便无害化处理设施处理效果的监督检测和卫生学评价，为设计相关处理设施提供卫生参数。该要求对高温堆肥（好氧发酵）、厌氧和兼性厌氧消化、密封贮存处理、脱水干燥、粪尿分集处理粪便的卫生要求做了详细规定，并提出了一系列监测检验方法。

第六节 生态农业的生产管理

生态农业是结合生产、生态与生活"三生"一体的农业，首要功能是生产功能，核心资源即生产资源，所以生产管理在业务管理体系中尤为重要。生态农业的生产管理是对农牧产品的生产过程加以规划及控制。一般而言，农牧产品的生产流程包括生产规划、设施设备的配置、生产制度的设定、品种引进、生产进度的拟定、栽培或养殖管理、收获及加工等七个环节，如图 5-7 所示。农产品的观赏、食用及销售是生产管理的后续环节，也是生态农业的重要项目。

（1）农业种养规划

规划必须符合农业生产和旅游服务的要求，坚持兼顾生产效率及景观美化的原则。确定农业产业在区域中的基础地位，规划在围绕农作物良种繁育、生物高新技术、蔬菜与花卉、畜水产、农产品加工等产业的同时，提高观光旅游、休闲度假等第三产业在园区规划中的作用。对于农业种植规划，功能分区、品种、道路、灌溉渠道等均需综合规划。以浙江安吉中南百草原为例，其七大功能之一的高效生态农业示范园区，包括毛竹、白茶、蚕桑、吊瓜、板栗、稻子等培训试验基地、家禽养殖基地。在种植规划过程中，田区、果园的规划也应考虑游客体验的需要，区块面积不宜过大，排列不必方正，布局线条要有美感。果园栽植果树不宜过密，要有透光性，保留解说、体验及游客拍照的空间。

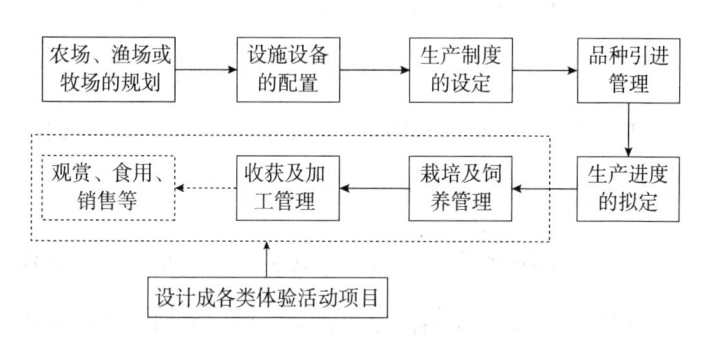

图 5-7　生态农业生产管理流程

（2）设施和机械设备的配置

为了提高生产效率，农业生产应充分利用先进的科学技术，如现代化的温室设备及先进的自动化机械设备。同时也要注意农业发展中单项适用先进技术的组装配套，如将GPS、GIS技术用于农田管理、节水灌溉、环境监测的实用技术，面向农业生产者应用的电子仪器、实用监控设备，农业装备信息化技术；精细测土、配方施肥、病虫草害快速实用监测技术；智能化农业生产管理辅助决策支持系统的推广及支持农业社会化服务体系的先进装备技术与工具的开发等，提高科技含量。

（3）生产制度的设定

农业生产具有特殊的生物性和季节性，为此要设定一套合理的生产制度，如轮作制度。为形成"四季有花、四季有果、四季有菜、四季有景"的独特田园风光，应坚持区域内农牧产品生产的特色化及专业化，树立自身的品牌，提高农业产品和景观形象的竞争力。

例如，四川成都锦江区三圣花乡，以"花文化"为载体，巧妙运用丰富的花卉农业资源，根据不同季节花卉的生产特性，营造春有"花乡农居"百花争艳、夏有"荷塘月色"绰约风韵、秋有"东篱菊园"含蕊迎霜、冬有"幸福梅林"傲雪吐芳的四季主题特色。

（4）种养品种的引进

品种引进管理是对园区前期需要引进的农牧渔产品的品种、产地、市场前景等进行考察核实，再结合本地区的地理气候条件进行合理、科学的筛选分析，保证品种的优良、观赏采摘期时间的延长。

例如，北京延庆县城东部的新庄堡杏树观光采摘园，是华北地区最大的鲜食杏品种基地。该基地拥有以葫芦、骆驼黄、山黄杏、偏头、红金针、串枝红为主的早、中、晚熟鲜食品种120多个。品种多样，采摘期近2个月。

（5）生产进度的拟定

通过编制农场耕作日历表，详细列出各种耕作的时间、种类、人力、材料（种子、肥料、农药等）、耕作设备等，以明确何时及如何完成各类不同的耕作工作，达到有效运用农业资源的目的。

（6）栽培及饲养管理

栽培及饲养管理坚持科学培育、科学饲养，坚持适时适量的原则，避免盲目，减少浪费，提高效率，从而降低总体运营成本。

(7) 收获及加工管理

为保证园区农牧渔产品的特色和质量,要对产品的采收和销售前的加工包装过程进行必要的标准化规范,使每项产品的品质趋于统一,从而提高产品竞争力。

第七节　美丽乡村的农业绿色发展

我国"三农"工作的要求就是农业要强，农民要富，农村要美。建设美丽乡村必须实施好乡村振兴的战略。乡村振兴，生态宜居是关键。良好生态环境是农村最大优势和宝贵财富。必须尊重自然、顺应自然、保护自然，推进乡村绿色发展，打造人与自然和谐共生发展新格局，推动乡村自然资本加快增值，实现百姓富、生态美的统一。

2017年9月中共中央办公厅、国务院办公厅印发了《关于创新体制机制推进农业绿色发展的意见》，指出："推进农业绿色发展，是贯彻新发展理念、推进农业供给侧结构性改革的必然要求，是加快农业现代化、促进农业可持续发展的重大举措，是守住绿水青山、建设美丽中国的时代担当，对保障国家食物安全、资源安全和生态安全，维系当代人福祉和保障子孙后代永续发展具有重大意义。"

根据《关于创新体制机制推进农业绿色发展的意见》，美丽乡村生态文明建设要大力推进农业绿色发展，可以从以下几个方面着力进行。

一、优化农业主体功能与空间布局

落实农业功能区制度。大力实施国家主体功能区战略，依托全国农业可持续发展规划和优势农产品区域布局规划，立足水土资源匹配性，将农业发展区域细划为优化发展区、适度发展区、保护发展区，明确区域发展重点。加快划定粮食生产功能区、重要农产品生产保护区，认定特色农产品优势区，明确区域生产功能。

建立农业生产力布局制度。围绕解决空间布局上资源错配和供给错位的结构性矛盾，努力建立反映市场供求与资源稀缺程度的农业生产力布局，鼓励因地制宜、就地生产、就近供应，建立主要农产品生产布局定期监测和动态调整机制。在优化发展区更好发挥资源优势，提升重要农产品生产能力；在适度发展区加快调整农业结构，限制资源消耗大的产业规模；在保护发展区坚持保护优先、限制开发，加大生态建设力度，实现保供给与保生态有机统一。完善粮食主产区利益补偿机制，健全粮食产销协作机制，推动粮食产销横向利益补偿。鼓励地方积极开展试验示范、农垦率先示范，提高军地农业绿色发展水平。推进国家农业可持续发展试验示范区创建，同时成为农业绿色发展的试点先行区。

完善农业资源环境管控制度。强化耕地、草原、渔业水域、湿地等用途管控，严控围湖造田、滥垦滥占草原等不合理开发建设活动对资源环境的破坏。坚持最严格的耕地保护制度，全面落实永久基本农田特殊保护政策措施。以县为单位，针对农业资源与生态环境突出问题，建立农业产业准入负面清单制度，因地制宜制定禁止和限制发展产业目录，明确种植业、养殖业发展方向和开发强度，强化准入管理和底线约束，分类推进重点地区资源保护和严重污染地区治理。

建立农业绿色循环低碳生产制度。在华北、西北等地下水过度利用区适度压减高耗水作物，在东北地区严格控制旱改水，选育推广节肥、节水、抗病新品种。以土地消纳粪污能力确定养殖规模，引导畜牧业生产向环境容量大的地区转移，科学合理划定禁养区，适度调减南方水网地区养殖总量。禁养区划定减少的畜禽规模养殖用地，可在适宜养殖区域按有关规定及时予以安排，并强化服务。实施动物疫病净化计划，推动动物疫病防控从有效控制到逐步净化消灭转变。推行水产健康养殖制度，合理确定湖泊、水库、滩涂、近岸海域等养殖规模和养殖密度，逐步减少河流湖库、近岸海域投饵网箱养殖，防控水产养殖污染。建立低碳、低耗、循环、高效的加工流通体系。探索区域农业循环利用机制，实施粮经饲统筹、种养加结合、农林牧渔融合循环发展。

建立贫困地区农业绿色开发机制。立足贫困地区资源禀赋，坚持保护环境优先，因地制宜选择有资源优势的特色产业，推进产业精准扶贫。把贫困地区生态环境优势转化为经济优势，推行绿色生产方式，大力发展绿色、有机和地理标志优质特色农产品，支持创建区域品牌；推进一、二、三产融合发展，发挥生态资源优势，发展休闲农业和乡村旅游，带动贫困农户脱贫致富。

二、强化资源保护与节约利用

建立耕地轮作休耕制度。推动用地与养地相结合，集成推广绿色生产、综合治理的技术模式，在确保国家粮食安全和农民收入稳定增长的前提下，对土壤污染严重、区域生态功能退化、可利用水资源匮乏等不宜连续耕作的农田实行轮作休耕。降低耕地利用强度，落实东北黑土地保护制度，管控西北内陆、沿海滩涂等区域开垦耕地行为。全面建立耕地质量监测和等级评价制度，明确经营者耕地保护主体责任。实施土地整治，推进高标准农田建设。

建立节约高效的农业用水制度。推行农业灌溉用水总量控制和定额管理。强化农业取水许可管理，严格控制地下水利用，加大地下水超采治理力度。全面推进农业水价综合改革，按照总体不增加农民负担的原则，加快建立合理农业水价形成机制和节水激励机制，切实保护农民合理用水权益，提高农民有偿用水意识和节水积极性。突出农艺节水和工程节水措施，推广水肥一体化及喷灌、微灌、管道输水灌溉等农业节水技术，健全基层节水农业技术推广服务体系。充分利用天然降水，积极有序发展雨养农业。

健全农业生物资源保护与利用体系。加强动植物种质资源保护利用，加快国家种质资源库、畜禽水产基因库和资源保护场（区、圃）规划建设，推进种质资源收集保存、鉴定和育种，全面普查农作物种质资源。加强野生动植物自然保护区建设，推进濒危野生植物资源原生境保护、移植保存和人工繁育。实施生物多样性保护重大工程，开展濒危野生动植物物种调查和专项救护，实施珍稀濒危水生生物保护行动计划和长江珍稀特有水生生物拯救工程。加强海洋渔业资源调查研究能力建设。完善外来物种风险监测评估与防控机制，建设生物天敌繁育基地和关键区域生物入侵阻隔带，扩大生物替代防治示范技术试点规模。

三、加强产地环境保护与治理

建立工业和城镇污染向农业转移防控机制。制定农田污染控制标准，建立监测体系，严格工业和城镇污染物处理和达标排放，依法禁止未经处理达标的工业和城镇污染物进入农田、养殖水域等农业区域。强化经常性执法监管制度建设。出台耕地土壤污染治理及效果评价标准，开展污染耕地分类治理。

健全农业投入品减量使用制度。继续实施化肥农药使用量零增长行动，推广有机肥替代化肥、测土配方施肥，强化病虫害统防统治和全程绿色防控。完善农药风险评估技术标准体系，加快实施高剧毒农药替代计划。规范限量使用饲料添加剂，减量使用兽用抗菌药物。建立农业投入品电子追溯制度，严格农业投入品生产和使用管理，支持低消耗、低残留、低污染农业投入品生产。

完善秸秆和畜禽粪污等资源化利用制度。严格依法落实秸秆禁烧制度，整县推进秸秆全量化综合利用，优先开展就地还田。推进秸秆发电并网运行和全额保障性收购，开展秸秆高值化、产业化利用，落实好沼气、秸秆等可再生能源电价政策。开展尾菜、农产品加工副产物资源化利用。以沼气和生物天然气为主要处理方向，以农用有机肥和农村能源为主要利用方向，强化畜禽粪污资源化利用，依法落实规模养殖环境评价准入制度，明确地方政府属地责任和规模养殖场主体责任。依据土地利用规划，积极保障秸秆和畜禽粪污资源化利用用地。健全病死畜禽无害化处理体系，引导病死畜禽集中处理。

完善废旧地膜和包装废弃物等回收处理制度。加快出台新的地膜标准，依法强制生产、销售和使用符合标准的加厚地膜，以县为单位开展地膜使用全回收、消除土壤残留等试验试点。建立农药包装废弃物等回收和集中处理体系，落实使用者妥善收集、生产者和经营者回收处理的责任。

四、养护修复农业生态系统

构建田园生态系统。遵循生态系统整体性、生物多样性规律,合理确定种养规模,建设完善生物缓冲带、防护林网、灌溉渠系等田间基础设施,恢复田间生物群落和生态链,实现农田生态循环和稳定。优化乡村种植、养殖、居住等功能布局,拓展农业多种功能,打造种养结合、生态循环、环境优美的田园生态系统。

创新草原保护制度。健全草原产权制度,规范草原经营权流转,探索建立全民所有草原资源有偿使用和分级行使所有权制度。落实草原生态保护补助奖励政策,严格实施草原禁牧休牧轮牧和草畜平衡制度,防止超载过牧。加强严重退化、沙化草原治理。完善草原监管制度,加强草原监理体系建设,强化草原征占用审核审批管理,落实土地用途管制制度。

健全水生生态保护修复制度。科学划定江河湖海限捕、禁捕区域,健全海洋伏季休渔和长江、黄河、珠江等重点河流禁渔期制度,率先在长江流域水生生物保护区实现全面禁捕,严厉打击"绝户网"等非法捕捞行为。实施海洋渔业资源总量管理制度,完善渔船管理制度,建立幼鱼资源保护机制，开展捕捞限额试点，推进海洋牧场建设。完善水生生物增殖放流，加强水生生物资源养护。因地制宜实施河湖水系自然连通，确定河道砂石禁采区、禁采期。

实行林业和湿地养护制度。建设覆盖全面、布局合理、结构优化的农田防护林和村镇绿化林带。严格实施湿地分级管理制度，严格保护国际重要湿地、国家重要湿地、国家级湿地自然保护区和国家湿地公园等重要湿地。开展退化湿地恢复和修复，严格控制开发利用和围垦强度。加快构建退耕还林还草、退耕还湿、防沙治沙，以及石漠化、水土流失综合生态治理长效机制。

五、健全创新驱动与约束激励机制

构建支撑农业绿色发展的科技创新体系。完善科研单位、高校、企业等各类创新主体协同攻关机制，开展以农业绿色生产为重点的科技联合攻关。在农业投入品减量高效利用、种业主要作物联合攻关、有害生物绿色防控、废弃物资源化利用、产地环境修复和农产品绿色加工贮藏等领域尽快取得一批突破性科研成果。完善农业绿色科技创新成果评价和转化机制,探索建立农业技术环境风险评估体系,加快成熟适用绿色技术、绿色品种的示范、推广和应用。借鉴国际农业绿色发展经验,加强国际间科技和成果交流合作。

完善农业生态补贴制度。建立与耕地地力提升和责任落实相挂钩的耕地地力保护补贴机制。改革完善农产品价格形成机制,深化棉花目标价格补贴,统筹玉米和大豆生产者补贴,坚持补贴向优势区倾斜,减少或退出非优势区补贴。改革渔业补贴政策,支持捕捞渔民减船转产、海洋牧场建设、增殖放流等资源养护措施。完善耕地、草原、森林、湿地、水生生物等生态补偿政策,继续支持退耕还林还草。有效利用绿色金融激励机制,探索绿色金融服务农业绿色发展的有效方式,加大绿色信贷及专业化担保支持力度,创新绿色生态农业保险产品。加大政府和社会资本合作(PPP)在农业绿色发展领域的推广应用,引导社会资本投向农业资源节约、废弃物资源化利用、动物疫病净化和生态保护修复等领域。

建立绿色农业标准体系。清理、废止与农业绿色发展不适应的标准和行业规范。制定修订农兽药残留、畜禽屠宰、饲料卫生安全、冷链物流、畜禽粪污资源化利用、水产养殖尾水排放等国家标准和行业标准。强化农产品质量安全认证机构监管和认证过程管控。改革无公害农产品认证制度,加快建立统一的绿色农产品市场准入标准,提升绿色食品、有机农产品和地理标志农产品等认证的公信力和权威性。实施农业绿色品牌战略,培育具有区域优势特色和国际竞争力的农产品区域公用品牌、企业品牌和产品品牌。加强农产品质量安全全程监管,健全与市场准入相衔接的食用农产品合格证制度,依托现有资源建立国家农产品质量安全追溯管理平台,加快农产品质量安全追溯体系建设。积极参与国际标准的制定修订,推进农产品认证结果互认。

完善绿色农业法律法规体系。研究制定修订体现农业绿色发展需求的法律法规,完善耕地保护、农业污染防治、农业生态保护、农业投入品管理等方面的法律制度。开展农业节约用水立法研究工作。加大执法和监督力度,依法打击破坏农业资源环境的违法行为。健全重大环境事件和污染事故责任追究制度及损害赔偿制度,提高违法成本和惩罚标准。

建立农业资源环境生态监测预警体系。建立耕地、草原、渔业水域、生物资源、产地环境以及农产品生产、市场、消费信息监测体系，加强基础设施建设，统一标准方法，实时监测报告，科学分析评价，及时发布预警。定期监测农业资源环境承载能力，建立重要农业资源台账制度，构建充分体现资源稀缺和损耗程度的生产成本核算机制，研究农业生态价值统计方法。充分利用农业信息技术，构建天空地数字农业管理系统。

健全农业人才培养机制。把节约利用农业资源、保护产地环境、提升生态服务功能等内容纳入农业人才培养范畴，培养一批具有绿色发展理念、掌握绿色生产技术技能的农业人才和新型职业农民。积极培育新型农业经营主体，鼓励其率先开展绿色生产。健全生态管护员制度，在生态环境脆弱地区因地制宜增加护林员、草管员等公益岗位。